Illustrations de :

Évalisa Agathon
Michèle Danon-Marcho
Jean Giannini
Monique Gorde
Studio Jay Advertising

Couverture de :

Monique GORDE

Textes de :

Françoise Chapelon
Anne Cullier
Georges Gomez
Aline Hastey
Claudette Laine
Claude Lanssade
Claire Laury
Marie-Thérèse Métois
Gilberte Millour
Micheline Pipault
Frédérique Sauvage
Lucienne Vivaldi

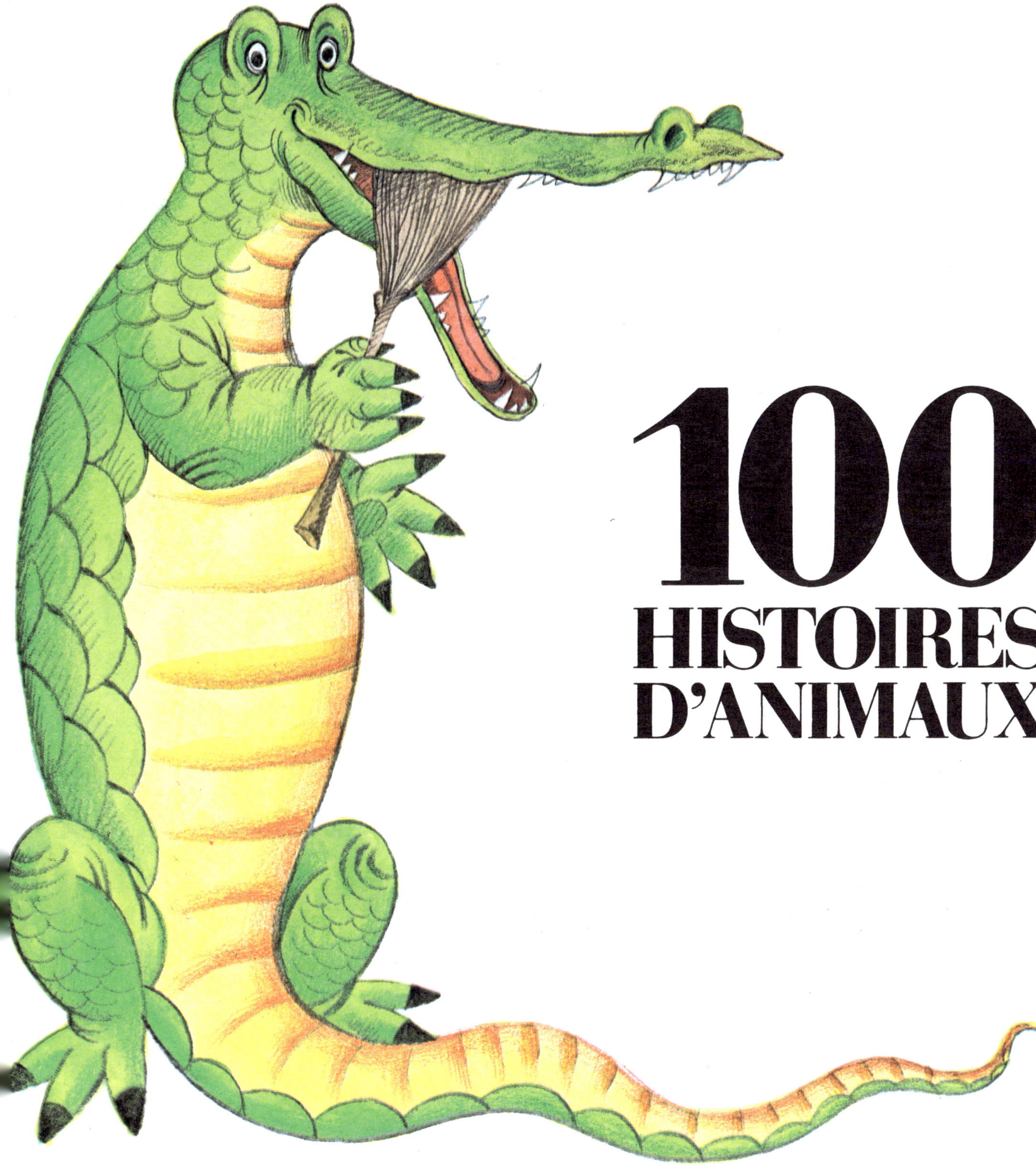

100 HISTOIRES D'ANIMAUX

Éditions Lito

Le petit manège qui s'ennuyait

— Encore quatre tours... Encore trois tours... Encore deux tours... Encore un tour... Ça y est, c'est fini, je suis fatigué, soupire le cheval bleu.

— Tu as bien tourné, dit Pierre et nous sommes arrivés les premiers.

Le cheval bleu demande :

— Pierre, veux-tu nous aider, tous?

— Je veux bien, répond l'enfant.

— C'est tout simple. Ce soir, quand le manège sera fermé, tu enlèveras les crochets, tu dénoueras les cordes.

— Et après, cheval bleu?

— Après, nous ferons le reste.

— Est-ce que je pourrai aller avec vous?

— Oui, tu monteras sur mon dos.

— C'est entendu ! alors, à ce soir.

Pierre est revenu.

Dès que le cheval bleu respire l'odeur du foin et l'air du soir si parfumé, il secoue sa crinière dorée.

Il veut galoper à perdre haleine dans les prés tondus quand le ciel est mauve à l'horizon.

Le cheval bleu veut redevenir un cheval sauvage.

Il caracole au grand galop sur la route qui descend vers le moulin. Les bêtes du manège s'enfuient : le cochon rose si frais avec sa queue en tire-bouchon et son air rieur, l'âne gris avec ses grandes oreilles d'argent...

La vache blanche veut manger l'herbe verte.

Le petit cheval bleu avec sa crinière dorée n'aura jamais assez de toute la nuit pour emporter Pierre jusqu'au bout du ciel.

L'âne gris a trouvé des amis dans les prés.

C'est une belle nuit, une nuit délicieuse.

Des pluies d'étoiles filantes traversent le grand ciel d'été.

Les vers luisants luisent en silence.

Toutes les bêtes voudraient que le jour ne vienne pas. Puis, à force de tant courir dans la campagne endormie, les compagnons du manège se sont retrouvés dans la clairière, à l'orée du bois.

— C'est peut-être là qu'habite la sorcière ? demande le cheval bleu.

— Non, dit Pierre, ici, c'est la mère-aux-herbes.

— Ah ! répond le cheval bleu, peut-être connaît-elle l'herbe qui rend toujours heureux ?

— Je ne sais pas, mais elle aime donner son amitié à qui lui plaît.

— Entrons alors, propose le cheval bleu.

— Bonjour, mes amis, dit Angelina, la mère-aux-herbes. Entrez tous. Que vais-je vous offrir ? Vous ne pouvez pas repartir en pleine nuit, le ventre creux. Voulez-vous de la galette de sarrasin ?

Les yeux de Pierre brillent aussitôt.

— Laissez-nous faire, mère-aux-herbes, dit le cheval bleu. Asseyez-vous dans le fauteuil. Nous allons préparer la galette.

Le cochon souffle sur les braises endormies.

Pierre casse les œufs dans une jatte.

La vache blanche verse la farine.

Le cheval bleu délaie avec du lait.

Enfin, la pâte est prête.

Toutes les bêtes veulent faire cuire la galette.

— Ce sera chacun son tour, décide le cheval bleu. Regardez bien comment je fais.

— Comme la galette est dorée ! s'écrient les amis. C'est pour Angélina.

Ravie, la mère-aux-herbes dit :

— Cheval bleu, attrape les pots de confitures sur le buffet.

Pierre ouvre les pots et trempe son doigt dans chacun en murmurant :

— Oh ! des framboises, des mûres, du cassis et de la rhubarbe !

— Ane gris, dit Angélina, ouvre les bouteilles de cidre bouché.

Pouf ! Pouf ! Le cidre déborde en mousse blanche sur la table.

Le cochon rose va faire un petit somme près de ses frères dans la paille.

La vache blanche se couche dans l'étable contre un jeune veau blanc.

Parfois, l'âne gris et le cheval bleu s'échappent pour aller faire une course tout autour du champ de trèfles dans le grand silence de la nuit.

Pierre, resté près de la mère-aux-herbes, fait la vaisselle et lèche les pots de confitures.

Les bêtes amies voient poindre les premières lueurs roses au bord du ciel.

— Allons, dit tristement le cheval bleu, venez. Il faut rentrer.

Alors, la vache laisse le petit veau dans la paille fraîche, l'âne oublie les chardons et chacun remonte sur le manège.

— Faut-il fermer ? dit Pierre.

— Oui, répond le cheval bleu qui démêle sa crinière. Ferme. Merci, mon ami. Tu reviendras.

Pierre rabat la grosse toile bise et fixe les crochets.

Merlot bleu

— Un, deux, trois, je vole au verger,
Des cerises, je vais manger, siffle Merlot, tout heureux, en ce beau jour d'été.

Le verger n'est pas loin, les cerisiers croulent sous les fruits rouges et tout ronds.

Déjà moineaux et merles se régalent !

— Hé ! se dit Merlot, ils ne vont pas m'en laisser. Dépêchons-nous !

Sa gourmandise l'emporte. Le voilà qui se hâte, à grands coups d'ailes, pour piquer droit du bec dans le tronc d'un cerisier.

Mais il tombe lourdement dans un pot de peinture bleue. Quelle horreur et ça poisse !

Merlot essaie de s'en sortir vivement et vole vers la fontaine proche pour se laver. Hélas ! la peinture a séché. Elle demeure sur ses ailes et sur son corps.

Merlot, navré, se met à gémir et appelle ses amis à l'aide.

— Nous arrivons, sifflent ses frères.

— Nous voici, pépient les petits moineaux gavés de cerises.

Devant Merlot devenu si étrange, les merles et les moineaux lui lancent des quolibets.

— Ce que tu es drôle ! sifflent les uns.

Et les autres pépient en chœur :

— Cui, cui, cui, tu es très original !

Merlot sanglote encore plus fort et se demande à quoi il peut bien ressembler.

Cette maudite peinture ne veut pas s'en aller et chacun a tout essayé pour l'enlever.

Il faut se rendre à l'évidence : le pauvre Merlot devra rester bleu toute sa vie.

— Après tout, dit-il en séchant ses larmes, tant pis, j'accepte mon sort.

Il se regarde dans l'eau de la fontaine, émet un sifflement de demi-satisfaction.

— Je ressemble à un pigeon d'une étrange espèce, déclare-t-il.

Les autres merles sont de cet avis et les animaux le regardent avec une certaine admiration.

Une colombe; même, s'extasie.

Merlot se console tout à fait en mangeant des cerises et la journée passe bien vite.

La nuit venue, Merlot regagne la forêt baignée par le clair de lune.

Perle de Rosée

Au bord du ruisseau, Perle de Rosée nattait sa longue chevelure noire. Elle était la fille du chef de la tribu indienne des Bisons Blancs.

Sur ses frêles épaules reposait la lourde responsabilité de libérer son peuple du sort que lui avait jeté les dieux. Son père, pour sauver la tribu, avait dû accepter ce marché.

En effet, la tribu des Bisons Blancs était continuellement harcelée par la tribu des Flèches Brisées. Celle-ci convoitait la terre fertile appartenant aux Bisons Blancs. Les guerriers des deux clans se livraient des combats sans merci. Les uns pour défendre ce que les autres voulaient leur prendre.

Au cours d'un rituel, le grand sorcier appela la clémence des dieux sur le peuple des Bisons Blancs. Ceux-ci répondirent favorablement à sa prière. Les Bisons Blancs garderaient leur terre. En échange, ils devraient, désormais, vivre coupés du reste du monde. Ce sortilège disparaîtrait lorsque la fille de leur chef prendrait un époux. Peu de temps après, la femme de Rayon de Lune, chef de cette tribu, donna le jour à une petite fille. On lui offrit le joli prénom de Perle de Rosée.

Lorsque Perle de Rosée poussa son premier cri, la foudre s'abattit sur le canyon. Un profond précipice entailla le rocher. Ce précipice était si grand qu'il était impossible de le franchir. La tribu des Flèches Brisées se trouvait enfin et à jamais séparée de celle des Bisons Blancs. Celle-ci put, ainsi, dormir en paix et vivre libérée de tous soucis.

Que la vie était belle !

Les années passèrent.

Et peu à peu une pesante solitude s'installa sur la tribu. Les valeureux guerriers s'ennuyaient. Ils ne pouvaient plus chasser les bisons sauvages broutant dans la vallée. Et, pour un Indien : plus de combats, plus de chasses, donc plus de fêtes... Que la vie était triste !

Perle de Rosée, songeant à tout cela, se mit à pleurer. Que pouvait-elle faire ? Il lui fallait trouver un moyen pour sauver son peuple de l'ennui qui l'écrasait. Comment faire, pour le délivrer de sa triste solitude ? Se marier, allez-vous penser ? Ainsi prendrait fin le sortilège. Hélas, il lui était interdit de prendre époux parmi les jeunes de sa tribu. C'était là une loi ancestrale.

Ses larmes coulèrent dans l'eau claire du ruisseau, lorsque à la surface de l'onde surgit un castor. Il en saisit une délicatement puis disparut.

Chaque jour où les larmes de Perle de Rosée tombaient dans l'eau claire, le castor venait en cueillir une. Puis, il s'évanouissait, avec son précieux butin, dans les profondeurs de l'onde.

Lorsque revint le printemps, Perle de Rosée prit une décision.

Elle allait franchir le grand précipice afin de trouver un époux. Elle voulait qu'autour d'elle renaissent la joie et le bonheur. Que n'aurait-elle pas offert pour revoir les guerriers, couverts de peintures, danser autour du feu de camp !... pour revivre les fêtes indiennes où les barques fleuries glissaient au fil du courant !... Elle soupira en pensant à tout cela. C'est alors qu'apparut le petit castor.

Il lui tendit un collier fait de douze de ses larmes, en guise de porte-bonheur. Perle de Rosée pressa le joli collier sur son cœur. Puis, elle remercia son ami et lui promit de toujours le porter.

Une larme de joie glissa le long de sa joue brune. Elle tomba sur le castor. C'est alors que ce dernier se métamorphosa en un jeune et beau guerrier. Il enleva Perle de Rosée sur son pur-sang. Puis il s'élança, au galop, vers le camp des Bisons Blancs.

Là, s'agenouillant devant le père de la jeune fille, il lui demanda sa main. Ce beau cavalier était le fils du chef de la tribu des Flèches Brisées. Il avait été changé en castor par les dieux. Fort sages, ces derniers avaient laissé, aux jeunes gens, le soin d'effacer tout sortilège.

Le jour des noces de Perle de Rosée et de Soleil Resplendissant, la foudre s'abattit de nouveau sur le précipice. Une masse impressionnante de rochers, tombant du flanc de la montagne, le combla à jamais. Les deux tribus réconciliées allaient désormais vivre en paix. Plus de combats, mais de grandes chasses aux bisons sauvages et à nouveau ce serait la fête chez les Indiens.

Le mouton vagabond

Quel joli mouton blanc à tête noire et aux pattes fines !

Il suit les moutons blancs du marais, broute l'herbe salée que la mer recouvre les jours de grande marée.

Ce soir, la mer va cacher le marais et ce sera un grand lac d'argent. Les mouettes blanches le survolent et crient :

— Allons, allons, les attardés, quittez donc le marais. Vos maîtres vous attendent près des cabanes.

Olivier renvoie les moutons indociles vers la dune.

— Dix, douze, quatorze, seize, dix-huit, dix-neuf ! compte le jeune garçon. Il en manque un ! Où est Mouton-tête-noire ?

— Où est-il ? s'écrie Hélène. Cherchons-le vite !

Les enfants s'élancent sur une dune d'où l'on domine le marais.

— Je ne vois rien.

— Il est peut-être derrière les roseaux, là-bas ? Je vais voir.

— Et moi, je fais le tour des cabanes à moutons car notre vagabond s'est peut-être trompé de troupeau.

La mer monte et envahit tous les îlots verts. Ça y est. L'herbe a disparu.

Où est Mouton-tête-noire ?

Mouton-tête-noire gambade dans un champ de carottes. Quelle belle promenade et comme il se régale, le petit vagabond !

Il saute dans les joncs sur une petite île encore oubliée par la mer.

Mouton-tête-noire attend, goûte un peu. Pouah ! Trop salé !

La dernière île va disparaître. Bée... Bée... Bée... Bée... Bée... Bée...

— Oh ! le mouton là-bas ! crie Olivier.

— Il va se noyer ! ajoute Hélène, le pauvre petit !

— L'imbécile, reprend Olivier. D'où sort-il donc ? Filons de l'autre côté du marais. Grimpe sur le porte-bagages et appelle le chien.

Quelle course effrénée ! Vite le pont, la route, les joncs.

— Chien, vas-y ! Vas-y !

Le chien s'élance dans l'eau, nage jusqu'à l'île déjà recouverte.

— Bée... Bée... Bée..., bêle désespérément Mouton-tête-noire.

Le chien aboie derrière le mouton qui se décide et se jette à l'eau.

— Il nage enfin ! s'écrie Hélène.

— Ah ! Il sort de l'eau. Viens, petit, viens, appelle Olivier.

Le mouton rassuré avance en levant les pattes dans les joncs pointus.

Hélène attrape la bête toute mouillée et la serre contre elle.

— Mon pauvre petit, tu m'as fait bien peur !

Mathieu les longues moustaches

Mathieu est un petit campagnol à la fourrure brune. Il est très fier de son énorme paire de moustaches fournies et luisantes.

— Che chuis de la rache des gentlemen-farmers auvergnats, affirme le prétentieux en lissant ses moustaches. Mes aïeux ont combattu sous Verchingétorix.

Un beau jour, excédés, ses voisins décident de lui donner une leçon. Ils dérobent à la ferme voisine un succulent morceau de fromage et traînent un piège auprès d'un pied de betterave, tout près de la demeure de Mathieu. Lorsque ce dernier met son museau dehors, une succulente odeur vient lui chatouiller les narines. Alléché, il glisse son nez pointu sous les feuilles luisantes et, clac, le piège se referme, tranchant net sa belle moustache.

Pauvre Mathieu humilié, lui le descendant de vaillants soldats, se laisser prendre au piège. Gageons qu'il ne retrouvera pas son accent auvergnat !

Porcelet et Ninou s'amusent

— Jouons à faire des bêtises, a proposé Ninou, le petit âne, à Porcelet.

— Effrayons les poules, suggère Porcelet ravi.

Sitôt dit, sitôt fait. Combien de « cooot, cooot » éperdus, indignés !

Que de volailles affolées volent ! Et les plumes s'éparpillent partout !

L'âne et le cochon sont radieux. Encore plus, lorsque quelques œufs se cassent au sol.

— La belle omelette ! dit Ninou.

Attiré par l'odeur des œufs cassés, à pas feutrés, voici Filou le renard.

Il va se régaler.

— Merci, dit-il à Porcelet et Ninou.

Il est heureux d'avoir de tels amis.

Ceux-ci sont loin déjà. Ils courent au beau milieu du troupeau de moutons.

— Bée ! Bée ! bêlent les agneaux indignés en se mettant tout près de leur mère.

— Ouah ! Ouah ! aboie Groli, le chien de garde.

Peu importe ces protestations. Les deux amis ne se laissent pas démonter. Ils s'amusent comme des fous.

Ninou et Porcelet entrent dans la cuisine et se dépêchent d'ouvrir la porte du réfrigérateur et de faire tomber au sol, sardines fraîches, beurre en motte et laitues à peine cueillies. Quelques abricots délicatement parfumés suivent le mouvement.

Que c'est amusant !

Pour parachever l'œuvre, Ninou se met sur la tête en guise de chapeau, un chaudron de cuivre rouge.

— Tu es rudement drôle, pouffe Porcelet.

— Hi han ! répond Ninou, tout fier.

Mais en remuant la tête, il fait tomber le chaudron.

Quel bruit ! Le taureau mugit, furieux.

Assez de sottises pour aujourd'hui !

Les deux amis se sont enfin calmés.

Demain, ils auront d'autres idées en tête...

La bergère des quatre saisons

Il était une fois une petite bergère, nommée Angélique. Le printemps venu, à l'ombre d'un pommier de neige rose, elle gardait ses chèvres et ses moutons. Elle les emmenait paître dans une grande prairie de velours vert, pailletée de boutons d'or.

Pour passer le temps, Angélique peignait. Autour d'elle virevoltaient, dans un tourbillon incessant, ses amis les oiseaux. Ils lui apportaient la couleur dont elle avait besoin pour faire vivre son tableau. Ainsi l'hirondelle rapide ramenait de sa course folle un morceau d'azur pour le bleu du ciel. La mésange déposait au bout de son pinceau un pétale de coquelicot avec lequel Angélique teintait le toit des maisons. La fauvette, sautillant sur le bout de ses pattes, lui rapportait une toile d'araignée. Angélique l'accrocha dans le ciel pour y faire jaillir un nuage vaporeux. Le martin-pêcheur, dans un grand sifflement d'ailes, laissa choir sur la toile une gouttelette d'eau. C'est ainsi que le ruisselet, serpentant au milieu du paysage, se mit à gazouiller joyeusement.

Le rouge-gorge, effronté, lui fit cadeau de petits morceaux de dentelle blanche. Il les avait arrachés à un jupon, claquant au vent sur son fil. Elle les parsema dans le vert de sa prairie. Ces morceaux de dentelle devinrent de blanches pâquerettes. Le merle bavard, un coucou dans le bec, lui offrit l'or de cette fleur. Elle en fit un soleil resplendissant. Qu'il était joli ce tableau !...

L'été, c'était l'heure de la poésie pour Angélique. Elle écrivait des poèmes qu'elle récitait à haute voix à ses amis les oiseaux. Ils l'écoutaient, béats d'admiration. Ils aimaient beaucoup Angélique. Ils l'avaient surnommée leur bonne fée.

C'est que l'hiver venu, chaque jour, Angélique leur distribuait des graines, des morceaux de gras, des miettes de gâteaux. Ainsi pouvaient-ils attendre le printemps sans craindre de mourir de faim.

L'automne, magicien, habillait d'or certains arbres. Il embrasait les autres d'un incendie de couleurs mordorées. Mais où était Angélique ? Cachée dans un rang de vigne, elle pleurait. Les oiseaux étaient bien tristes de la voir si malheureuse. Quel était donc ce gros chagrin qui pesait si lourdement sur le cœur de la charmante bergère ?

— Qu'as-tu ? Qu'as-tu donc, Angélique ! lui demanda le pinson, la larme à l'œil.

— Demain, c'est l'anniversaire de notre prince !

Les villageois iront tous au château offrir leur présent. Moi, je ne pourrai pas y aller ! Avec mes gros sabots, ma vilaine jupe brune et mon corsage de grosse toile, je ne serai pas digne de me présenter devant le prince.

Elle se mit à sangloter de plus belle. Elle regardait tristement le tableau qu'elle avait peint avec tant de soin pour lui. C'était injuste !

Alors, ses amis décidèrent d'accomplir un vrai miracle pour leur petite bergère des quatre saisons. S'approchant d'Angélique, ils lui demandèrent de charger le tableau sur leurs ailes.

Après quoi, ils s'envolèrent vers le château. Ils déposèrent le présent sur le lit royal et disparurent comme ils étaient venus.

Le prince, en découvrant ce merveilleux cadeau, battit des mains.

Doucement, sous ses yeux émerveillés, le tableau s'anima. Il n'avait jamais rien vu de si beau ! Peu à peu, ses yeux se fermèrent, alourdis par le sommeil. Il s'endormit, le tableau entre les bras.

Hélas ! pendant la nuit, la toile lui échappa. Elle glissa et s'embrocha sur l'épée du prince. A son réveil, il chercha son merveilleux cadeau. Il resta figé devant le spectacle qui s'offrait à lui. La toile, transpercée par l'épée, gisait sur le sol. Son cœur d'enfant fut envahi par une grande tristesse.

L'hiver venu, dans le palais, régnait un profond désarroi. Le prince était tombé malade. On disait, même, dans le royaume qu'on lui avait jeté un vilain sort au moyen de ce tableau animé. A cette nouvelle, Angélique oublia ses vilains habits et courut au château. Elle demanda à voir le prince. S'approchant doucement du lit, elle ouvrit son panier.

Elle en sortit un tableau, identique au premier. En s'inclinant, elle le remit au malade qui croyait avoir rêvé... Il remercia Angélique d'un beau sourire. C'est ainsi que, tout au long de la journée, Angélique et son prince charmant bavardèrent.

Angélique revint au palais chaque jour. Elle tenait compagnie au prince, en le distrayant. Sa joie de vivre opéra sur le jeune homme une complète guérison.

Au retour du printemps, sous un pommier de neige rose, Angélique peignait un tableau animé. Le prince, assis près d'elle, la regardait faire.

L'été venu, notre bergère épousa son prince charmant. Ses amis les oiseaux lui offrirent sa toilette de mariée. Dans un merveilleux tissu de rayon de lune, ils lui confectionnèrent une majestueuse robe de lumière. Dans une étoile, ils taillèrent deux petites pantoufles. Sur un voile de dentelle, ils lancèrent une pluie de poussière de lune. Ces atours étaient dignes d'une fée.

Dans l'or de l'automne, Angélique et le prince partirent pour un voyage de noces, autour du monde. A bord de leur carrosse de cristal, aux premiers frimas, ils regagnèrent leur palais rose. Il était une fois une petite bergère des quatre saisons prénommée Angélique qui, pour le bonheur d'un prince charmant, peignait des tableaux enchantés...

Les aventures de Nioukouli

Nioukouli, la taupe, est tout émoustillée.

— Sniff, sniff, se dit-elle en remuant son nez, je sens le printemps... Voyons ça !

Elle met ses lunettes, pousse un bout de museau dehors et reçoit un petit rayon de soleil insouciant, en plein dans les yeux.

— Hé, proteste Nioukouli, il ne faudrait pas m'aveugler !

Elle s'enhardit à sortir de son trou. Deux pas, trois pas... La tête lui tourne devant ce ciel bleu et les oiseaux qui volent tout près d'elle. Boum ! La voilà au sol, sur l'herbe tendre à côté d'un bouquet de primevères, toutes humides de la nuit.

— Bonjour Nioukouli ! disent les fleurs.

Le temps de les regarder, le temps de se relever, Nioukouli est près du ruisseau où les canards voguent gaiement.

— Bonjour les canards, dit la taupe, c'est le printemps !

— Nous le savons, cancanent les canards, nos œufs sont déjà pondus.

— Coucou, annonce le coucou prêt à jouer à cache-cache.

Nioukouli ne lui répond pas car elle désire voir beaucoup de choses et pour cela, décide de suivre le petit ruisseau, à bord d'une caisse qui lui sert de bateau.

Hélas ! le ruisseau aboutit aux marais.

Impossible d'en sortir ! Nioukouli craint de se noyer et appelle à l'aide, de toutes ses forces.

Une oie sauvage, complaisante, la ramène sur le rivage et lui conseille :

— Continue ton voyage à pied, ce sera plus sûr.

— C'est promis, dit Nioukouli encore tremblante d'émotion.

Elle s'aperçoit alors qu'elle a très faim et se met en quête de nourriture. Ce n'est pas difficile, il y a le choix.

Soudain Nioukouli se sent triste. L'envie de voler comme les oiseaux la prend et elle va tenter l'expérience. Pour cela, elle gravit un monticule et agite les pattes. Un, deux, trois, allons-y, déployons nos talents et nos forces ! Patatras ! La petite taupe roule le long du talus.

S'arrêtera-t-elle enfin et où ?

Plouf ! C'est la réponse à la question. Nioukouli est dans la mare fraîche des canards.

Nioukouli, une fois encore, appelle au secours et un hérisson lui tend un roseau auquel elle s'agrippe de toutes ses dernières forces, avant de finir par pleurer sans retenue devant tous.

Mais le coucou tresse pour elle une couronne de pâquerettes et les grenouilles se mettent à applaudir.

La taupe éclate de rire.

Le jour de la foire

Le chaud soleil d'été a fait mûrir le foin.

— Vite, au travail, dit le fermier. Hue ! Hue ! Coquette, dépêche-toi !

De l'aube à la nuit, la jument Coquette tire la longue voiture remplie de foin parfumé.

L'âne Trottin porte les lourds bidons de lait vers la laiterie.

— Vous avez de la chance, vous, les cochons roses, de barboter dans la boue, dit-il, et vous, les canards, de vous rafraîchir dans la mare !

Le jour de la foire, les bêtes de la ferme décident de prendre un peu de liberté. Elles font une grande toilette et partent gaiement sans rien dire au fermier qui va les chercher.

Tant pis pour lui ! Il n'avait qu'à les inviter. Elles ont bien travaillé et méritent une récompense.

Quelle gaieté sur la route blanche, fleurie de marguerites et de coquelicots !

— Où allez-vous ? demandent les vaches.

— Nous allons à la foire. Venez aussi !

— Où allez-vous ? demandent les ânes et les chevaux.

— Nous allons à la foire. Venez aussi !

— Où allez-vous ? demandent les chèvres et leurs chevreaux sautillants.

— Nous allons à la foire. Venez aussi !

Les brebis et les agneaux bouclés les suivent en happant sur le talus du trèfle et des herbes sèches.

Ah ! Voici la foire, les manèges et la musique !

Les vaches se précipitent sur les balançoires et les veaux sur le manège.

Un peu étourdi, mais bien content, le petit veau blanc et roux arrache le pompon. Il est presque ennuyé car il croit avoir cassé quelque chose, mais puisque tout le monde rit, ce n'est pas si grave que cela. Alors, il se met à rire aussi et applaudit.

Les chevaux et les ânes envahissent les autos tamponneuses. Boum ! Boum ! Quelle joie et quelle vitesse !

On tourne, on vire, pouf, on se cogne, on se pousse. On a un peu peur et on crie. On rit et on recommence. Encore un tour et puis un autre...

Les moutons craintifs et les chèvres folles regardent d'abord, puis, enfin rassurés, hop, sautent sur un manège, dans un avion, une auto, un autocar, ou un bateau.

— Pousse le levier ! crie un mouton.

Et hop ! L'avion s'élève en tournant.

— Au revoir ! Au revoir !

— Tu crois qu'il va redescendre ? demande la brebis.

— Pourquoi n'irions-nous pas jusqu'au ciel ? répond le mouton en riant.

— Hé ! mes agneaux, mes agneaux qui sont restés en bas ! crie la brebis.

— Tiens, voilà : je pousse ici et on descend. Maintenant, on remonte.

Les chevaux et les ânes tirent à la carabine.

— Coquette a gagné ! Bravo ! Une bouteille de vin !

Et la chèvre blanche a gagné, à la loterie, une grande poupée rose à la robe de dentelle.

— Venez voir ! Venez ! crient les ânes. Un concours de chant !

— Vas-y, âne Trottin ! Allez, monte sur l'estrade !

Trottin hésite. Il a peur qu'on se moque de lui. Mais, on le pousse et le voici face au public. Alors, il entonne sa plus jolie chanson, celle qui parle de l'été et du foin parfumé, de la joie d'être aimé.

Quels applaudissements, mes amis !

Trottin en devient tout rouge jusqu'au bout des oreilles.

On danse sur l'herbe du champ de foire. Et, après avoir lancé des confettis et des serpentins de toutes les couleurs, on revient tard, sous le ciel étoilé, avec des sacs d'amandes, de cacahuètes et de nougats et tant et tant de joyeux souvenirs pour réchauffer les longues soirées d'hiver.

Toutes les bêtes amies forment une longue farandole.

— Il faudrait peut-être rentrer, dit Trottin un peu las.

— Déjà ! s'écrie la chèvre blanche. Oh ! non, profitons de cette journée merveilleuse. Quelle joie de respirer cet air frais de la liberté tout au long du grand pré où monte la brume du soir !

Cabriette et le ballon rouge

La petite chèvre Cabriette est dans son enclos. Elle présente au soleil à peine levé ses deux cornes pointues.

Le soleil est rond comme un énorme ballon rouge.

— Si je l'attrapais, se dit Cabriette, voilà qui serait amusant. Il est en haut de la colline. Je vais aller le chercher.

Elle saute l'enclos avec agilité et grimpe le long du chemin tortueux. Un peu de thym par-ci, une feuille d'arbuste par-là, juste le temps de reprendre son souffle, et en avant !

Cabriette arrive au sommet de la colline, mais le soleil n'est plus là... Il est reparti loin dans la vallée et brille dans le ciel, tout en bas.

Ce n'est pas possible, ce n'est pas croyable et Cabriette se lamente :

— Quand j'étais dans la vallée, il se trouvait en haut de la colline !

Elle n'a plus envie de jouer, elle est tout à fait désolée et rumine sa tristesse:

— Pourquoi le soleil se refuse-t-il ? Je le voulais comme ballon.

Désespérée, elle baisse la tête.

Elle pleure sans retenue et Taline la taupe, tente de la raisonner :

— Le soleil ne s'attrape pas.

Cabriette sanglote de plus belle.

La taupe, gentille, demande conseil aux grenouilles.

Les rainettes préviennent immédiatement les aimables mésanges :

— Demandez au soleil de devenir un ballon pour Cabriette.

Les mésanges volent près du soleil et le supplient d'aider Cabriette.

Le soleil rit, et transforme un de ses rayons en boule brillante que le vent du Nord refroidit aussitôt.

Quelle joie pour Cabriette ! Elle a pour elle le ballon-soleil !

Elle s'amuse maintenant ! Elle gambade et court, le ballon lumineux au bout de ses cornes.

En avant, un, deux, en l'air... Je le rattrape, un, deux, en l'air... Je le rattrape encore. Non. Il est tombé. Il roule. Oh, arrête-toi, je t'en prie. Arrête ! Il roule toujours... et dans un dernier bond, le voilà maintenant sur l'eau bleue du lac.

L'eau brille comme un miroir et un à un, les animaux viennent se regarder. Le cygne est le plus beau.

C'est une belle journée pour tous !

Cocoli fait les commissions

— Écoute, propose Sandrine, on va faire une surprise à maman.
— Bonne idée, dit Cocoli le petit chien. Je vais t'aider.
— Va acheter huit saucisses au marché.
Très fier, Cocoli attrape le panier entre ses dents et descend l'escalier.
Au marché, il demande à la charcutière :
— Voulez-vous me donner huit saucisses à l'oignon ?
Il est presque midi. Cocoli n'est pas rentré. Où est-il ?
Quand il est sorti du marché, un, deux, trois, chiens se sont jetés sur lui :
— On l'aura ! A nous les saucisses !
Cocoli se sauve à toutes pattes.
Il se précipite sur le terrain vague.
— Ouaf ! Ouaf ! Hou ! Hou ! Ouaf !
Les chiens sont à ses trousses.
Cocoli s'élance sur la route. Boum ! Le panier tombe et les saucisses s'étalent sur le sol. Cocoli les attrape et les replace dans le panier.
— Ouaf ! Ouaf ! Hou ! Hou ! Ouaf !
Cocoli saute dans un camion qui démarre :
— Bien joué, hein, mes gaillards ! Mais je ne peux pas aller au diable. Sautons.
Cocoli suit la voie ferrée. Il est enfin tranquille. Il saute entre les rails.

Un bruit infernal. Tchut ! Vrroum !

Un train arrive. Cocoli veut fuir.

A gauche, non, à droite. Trop tard !

Il s'allonge à plat ventre sur les traverses, et se fait tout petit, en ramassant sa tête entre ses pattes.

Un bruit terrible au-dessus de lui, un bruit effroyable qui ne finit pas.

C'est le long train de marchandises avec tous ses wagons chargés de jolies autos neuves...

Cocoli ne les voit pas. Il ne pense plus aux saucisses. Il a bien trop peur !

Ah ! enfin, le train est passé !

Cocoli relève le museau. Vrout ! il longe le marché et passe comme une flèche.

Top ! Top ! Top ! dans l'escalier. Pan ! Pan ! à la porte.

— Ah ! te voici tout de même, Cocoli, d'où viens-tu ?

— Je te raconterai, Sandrine.

— Vite, dépêchons-nous. Cuisons les saucisses. Maman va arriver.

— J'espère qu'elles seront bonnes, dit Cocoli encore essoufflé.

— Mais, il y a de la terre dessus, regarde !

— Ce n'est rien, assure Cocoli. Quand je les aurai grillées, tu verras, elles seront toutes dorées !

Maman rentre. Tout est prêt, même le plat de purée et la guirlande de saucisses.

— C'est très bon, Sandrine. Tu es une merveilleuse cuisinière.

— Cocoli m'a bien aidée.

Le petit chien saute dans les bras de son amie qui l'embrasse.

Ils sont ravis tous les deux.

Le réveillon de Luce

Aujourd'hui est la veille de Noël et Luce est fort occupée à préparer un bon dîner de réveillon, et à décorer un sapin avec des bougies, des guirlandes et des clinquants. Soudain, elle aperçoit derrière la vitre des yeux brillants qui la regardent : c'est Mouni, un pauvre chien dont les maîtres ont disparu récemment et qui, depuis, erre tristement de-ci de-là, en quête d'un peu de nourriture et d'affection.

Apitoyée, Luce lui crie :

— Entre donc, Mouni, tu réveillonneras avec nous !

Mais Mouni demande timidement et un peu gêné :

— Puis-je aussi amener mes amis, l'écureuil, la chouette et le rat des champs ?

Luce répond sans hésiter :

— Tous tes amis seront les bienvenus ici.

Ah ! Quelle fête amicale il y aura ce soir de Noël dans la chaumière de Luce et de Luc, son frère, au plus profond des bois !

Petit Pinson et Rose Rouge

Petit Pinson sur la branche d'un chêne, regarde le soleil se lever et à son grand désespoir, ne peut le saluer à sa manière.

Petit Pinson ne peut plus chanter.

— Que se passe-t-il ? lui demande Picui, le moineau.

— Je suis enrhumé, dit Petit Pinson, vraiment, c'est ennuyeux !

Désolé, il va voir son amie la Rose Rouge qui est la reine du jardin.

— Bonjour, dit-il faiblement.

— AAAA... Tchoum ! répond Rose Rouge. AAAA... Tchoum !

— Serais-tu, toi aussi, enrhumée ? demande Petit Pinson.

— AAAA... Tchoum, comme tu vois, réplique la fleur.

Elle est très fatiguée par une mauvaise nuit, refuse de jouer avec les papillons et les libellules, et bâille trois fois de suite.

Les pinsons, les fleurs du jardin sont tristes. Ils vont agir.

Les pinsons se précipitent chez les abeilles.

— Rose et Pinson sont enrhumés, pouvez-vous les aider ?

— Bzzz, bzzz, disent les abeilles. Elles n'ont pas entendu, elles font leur miel.

— Je vais voir le soleil, dit une alouette.

Elle vole le plus haut possible, cueille au passage un rayon bien chaud et le ramène.

Le rayon réchauffe les plumes de Petit Pinson, sèche la rosée du cœur de Rose Rouge. Il brille, et met la joie partout.

— Me voilà guérie ! s'exclame Rose Rouge, toute joyeuse.

— Moi aussi, chante Petit Pinson.

Ses notes s'élèvent, joyeuses, dans le ciel pur. Les mésanges viennent à tire-d'aile écouter leur merveilleux compagnon.

Le rayon de soleil est bien content, lui aussi. Il rit de tout son cœur et danse de joie avec les papillons, les fleurs et tous les oiseaux.

Tout ce petit monde est heureux.

Petit Pinson entraîne ses amis oiseaux sur le balcon d'une maison où se trouvent de nombreuses graines. C'est un véritable festin !

Lorsque le soir tombe, les oiseaux rejoignent leur nid ; le petit rayon tout chaud se dépêche de regagner le ciel.

Petit Pinson dit au revoir à Rose Rouge.

La lune apparaît, bienveillante : « Bonne nuit à tous ! »

Une journée mouvementée

Dans une grande forêt de sapins, vivent en parfaite harmonie Kolu, le petit ours, et Grisa, l'oie.

Ils se connaissent depuis leur naissance et chaque jour les entraîne vers de nouvelles aventures.

Kolu est un petit gourmand. Il cherche toujours des fraises, des baies et des myrtilles.

Pour le miel, qu'il adore, c'est toute une affaire. Les abeilles se défendent de leur mieux.

— Bzzz, bzzz... Elles piquent.
Elles sont terribles !

Kolu n'est pas content du tout.

Ce matin, justement, il découvre un beau rayon de miel. Le petit ours a très faim. Les abeilles ne sont pas là. C'est une chance ! Elles sont allées butiner les fleurs. Voici le moment d'agir !

Kolu ne se prive pas d'une telle occasion !

— Je te préviendrai dès qu'elles arriveront, dit Grisa.

Gentille, elle est toujours prête à aider son ami. Elle regarde à droite, à gauche, devant, derrière... Non, rien !

Kolu, tranquillement, se régale. Il dévore. Il se barbouille de miel.

— Eh bien ! s'exclame Grisa stupéfaite, il va falloir te laver.

Elle entraîne son ami, repu et poisseux, dans le grand fleuve où les magnifiques saumons s'en donnent à cœur joie.

Kolu, gourmand, en dévore un, au passage.

— Lave-toi, dit Grisa, tu colles.

Elle-même se baigne et plonge. C'est agréable.

Kolu se met à nager. L'eau est délicieuse.

— Qui nage le plus vite ? demande Grisa, malicieuse.

— Moi, répond Kolu, très sûr de lui.

— C'est à voir, réplique Grisa.

Elle nage très vite et arrive la première au but.

Kolu, penaud, sort de l'eau et se sèche au soleil.

Pendant ce temps, les abeilles regagnent leur arbre.

— Oh ! s'exclame la reine, notre miel a disparu. C'est Kolu le coupable. Allons le punir.

— Les abeilles ! hurle Grisa à Kolu.

Le petit ours se dépêche de se jeter de nouveau à l'eau.

Les abeilles le poursuivent, puis se lassent.

— Ouf, sauvé ! pense Kolu, soulagé.

Grisa et Kolu parviennent dans un agréable endroit.

Des grenouilles effectuent des sauts en hauteur.

— Je vais en faire autant, dit Kolu.

Les grenouilles coassent de rire.

— Tu es un gros patapouf, coa ! coa !

Kolu et Grisa quittent les grenouilles et repartent maintenant voir les castors qui ont construit un radeau.

— Essayons-le, disent Grisa et Kolu ravis.

C'est amusant. Le radeau flotte vite et bien. Soudain l'embarcation est entraînée par le courant.

Grisa se sauve à temps ; Kolu roule dans l'eau, se débat.

Il est ballotté à droite, à gauche, sur le dos, sur le ventre... Une vraie girouette !

Enfin Kolu s'en tire avec une très légère bosse.

Grisa mange des graines mises par son ami Jean, le pêcheur.

Mais soudain... Un bourdonnement ! Les abeilles, encore !

Quelle course ! Kolu et Grisa leur échappent, mais les petites abeilles furieuses piquent n'importe qui : un écureuil, un blaireau... Les pauvres ne sont pas contents.

Kolu et Grisa rejoignent vite la grotte de l'ourson.

Grisa a préparé un feu de bois sur lequel un saumon grille.

— La journée a été mouvementée, demain ça ira mieux, dit-elle.

— Je l'espère, répond Kolu en dévorant le saumon.

Jeannot-Lapin et son étoile

Un jeune lapin tout roux et tout rond était amoureux fou d'une ravissante étoile.

La nuit venue, les yeux levés vers le ciel, il regardait longuement sa gentille amie.

Du haut de son ciel, l'étoile lui envoyait des baisers.

Lorsque Jeannot-Lapin faisait sa toilette dans l'eau de la rivière, il la voyait qui s'y mirait.

Partout, elle le suivait, semblant s'ennuyer sans lui.

Comme ils auraient aimé se retrouver ! Ils auraient couru ensemble dans l'herbe parfumée et les genêts en fleur.

Ils se seraient promenés tous les deux dans les nuages, jouant à cache-cache.

Hélas ! le ciel est si haut et la terre est si loin ! Que faire pour réunir les deux amis, cela semblait impossible ?

N'y tenant plus, Jeannot-Lapin alla voir le chef de la tribu des Lapins Roux. Peut-être pourrait-il lui donner un conseil, afin de résoudre cet affreux dilemme.

Très embarrassé, ce dernier appela le chef des Écureuils. Il lui raconta la visite que Jeannot-Lapin lui avait faite. Comment faire pour réunir un lapin et une étoile. Mais, le grand cèdre de la clairière ne l'atteignait-il pas, lui, le ciel ? Ils se mirent à rire, heureux d'avoir trouvé une solution au problème de Jeannot-Lapin.

Sans perdre de temps, on encorda solidement Jeannot et la colonie des Lapins Roux reçut l'ordre de tirer sur la corde, tandis que la tribu des Écureuils devait le pousser jusqu'à la cime du cèdre.

Hélas ! cet arbre, si haut, était loin d'avoir la tête dans les étoiles. Quelle déception ! Il leur fallait, maintenant, redescendre le lapin de son perchoir.

Malheureusement, Jeannot-Lapin avait le vertige et il refusait de bouger, s'accrochant désespérément à sa branche et n'entendant rien.

On employa donc les grands moyens pour lui faire retrouver la terre ferme.

On le poussa pour qu'il lâchât prise et tombât dans la toile tendue sous l'arbre. C'est ce qu'il fit, d'ailleurs. Après quoi, sous le choc, il s'évanouit. Pendant de longs jours, il délira, parlant à son étoile.

Frimousse, son amie d'enfance, veilla tendrement sur lui.

Lorsqu'il rouvrit enfin les yeux, c'est elle qu'il vit.

Qu'elle était jolie, son amie Frimousse !... Tellement jolie et si gentille avec Jeannot qu'il en oublia bien vite son étoile. Il ne pensait plus à regarder le ciel maintenant. Seule Frimousse l'intéressait.

Frimousse et Jeannot-Lapin se marièrent.

Quelle noce ! Toutes les bêtes de la forêt y étaient invitées.

On aurait dit que le ciel était de la fête.

Dans le firmament dansait l'étoile de Jeannot, l'étoile du bonheur.

Poucet, le petit épagneul

— Il est bien attachant, ce petit polisson de Poucet ! C'est pour sa petite taille que je l'ai nommé ainsi. Avec ses yeux vifs, sa queue bien trop longue, il est si drôle ! C'est un vrai gavroche au cœur tendre.

A mon égard, il a mille attentions si touchantes : mots gentils, doux regards, caresses affectueuses. Ah ! s'il n'était pas si petit, si différent de mes autres enfants. Voyez ! lui seul a un poil ras, une robe brune et blanche. Et cette queue si longue qu'il agite constamment.

Ainsi parlait, en soupirant, maman Epagneul de son petit dernier. En somme, Poucet n'avait rien d'un chien de chasse. Il avait pourtant l'âme d'un explorateur. Dès que maman se reposait, il partait à la découverte.

C'est que le monde qui l'entourait contenait tant de merveilles !... Ce jour-là, il avait appris que son petit maître était malade. Durant de longs mois, il resterait allongé. Alors, Poucet décida de faire sa connaissance.

A quoi ça ressemblait un en-

fant malade ? Se glissant par la porte d'entrée entrouverte, il gagna l'escalier. Il entreprit son ascension. Comme il était long cet accordéon ! Comme elles étaient hautes ces marches ! Il dut se servir de ses pattes arrière comme ressort. Les bourrelets de son ventre faisaient office de ventouse. Et ses pattes avant devenaient un élévateur.

Ainsi arriva-t-il, à bout de souffle, au palier. Ayant repris ses esprits, il passa la tête à la porte de la chambre. Son petit maître était allongé, pâle et immobile. Il fixait la fenêtre ouverte sur le jardin. Autrefois, il y courait heureux avec ses petits camarades de jeux.

Le cœur de Poucet se serra. C'était bien triste, un enfant malade.

Que faire pour que ce petit bonhomme sourie de nouveau ?

Tout d'abord, en chien poli, il s'annonça. Il aboya donc doucement. L'enfant, étonné, regarda cette boule de poils. Timidement, Poucet

s'approcha et essaya de se hisser sur le lit. Escalader la paroi abrupte du drap, quel exploit ! Combien de fois retomba-t-il sur le plancher, assommé ! L'enfant arriva, enfin, à le saisir par sa queue. Ainsi firent-ils connaissance. La tiédeur de cette petite boule de poils pour l'un, les caresses affectueuses pour l'autre et nos deux compères s'endormirent heureux. L'enfant tenait dans ses bras Poucet qui avait calé sa tête dans l'épaule de son maître. La maman d'Erick, découvrant ce touchant tableau, n'osa interrompre le sommeil de ces deux chérubins.

Chaque jour, Poucet revint voir Erick. Dans les bras de sa maîtresse, il montait l'escalier. Puis tenait compagnie au petit malade. Pour Erick, Poucet était le plus intelligent des chiens. Il lui parlait, lui confiant ses joies et ses peines. Poucet lui répondait à sa façon. Les longs jours d'immobilité passaient maintenant très vite. La présence de Poucet faisait qu'Erick, peu à peu, reprenait goût à la vie.

Il vint enfin, ce jour de bonheur. Dans le jardin, Érick se promenait de nouveau, avec Poucet. L'amour d'un petit chien venait d'accomplir un miracle pour un enfant.

Trompette et Fanfan

Trompette et Fanfan, deux éléphanteaux, se dirigent vers la rivière.
Fanfan trempe sa trompe dans l'eau et la retire en faisant la grimace.
— Pouah ! fait-il. Qu'elle est chaude ! Calamité ! Il devrait pleuvoir.
Au soleil, il préfère l'ombre d'un arbre, sous lequel il s'étend.
Oh ! Oh ! le gros paresseux. Il dort déjà !
Trompette a beau le tirer par la queue, Fanfan dort toujours.
Elle se précipite vers le point d'eau, et l'arrose copieusement.
Fanfan daigne enfin ouvrir un œil.
— Laisse-moi dormir ! grogne-t-il, l'air maussade.
— Je croyais que tu étais venu t'amuser !
— L'eau de la rivière m'a fait changer d'avis.

— Viens te reposer. Ensuite, nous irons nous promener.
Tous deux s'allongent dans les hautes herbes, et s'endorment.
Pendant ce temps, maman Dalhia ouvre un œil.
— Trompette! Fanfan! où êtes-vous? C'est l'heure du bain.
Mais l'appel maternel reste sans écho.
— J'ai dû m'endormir, se dit-elle. Au soleil, il est quatre heures.
Très inquiète, maman Dalhia réveille Mambo, leur père.
— Hein? Quoi? peste-t-il. Pourquoi me réveilles-tu?
— Les enfants ne sont plus là.
A ces mots, Mambo secoue sa lourde masse, et se met à barrir.
— Dalhia, tu t'es encore endormie, gronde-t-il. Où sont les enfants? Peut-être sont-ils tombés dans un piège...

— Oui, je me suis endormie, pleure l'éléphante.

— Ne pleure pas, Dalhia. Ils ne peuvent être loin. Nous les retrouverons.

Après plusieurs heures de recherche, Trompette et Fanfan restent introuvables!

Pendant leur sommeil, des indigènes les ont capturés. Mais réjouissons-nous, nous reverrons les deux éléphanteaux sous le plus grand chapiteau d'un cirque, pour notre joie à tous.

Le pluvier et le caïman

Depuis longtemps, le caïman et le pluvier sont amis.

Le pluvier entre sans la moindre hésitation dans la gueule du caïman et voici pourquoi.

Tout a commencé ainsi :

A cette époque, les caïmans de la terre se lavaient les dents.

Ils possédaient une énorme brosse ovale. Un arbre, l'arbre à brosses à dents, était généreux. Il en produisait à profusion.

C'était commode. On changeait de brosse autant de fois qu'on le désirait.

Les caïmans étaient heureux ainsi. Cette satisfaction leur fut ôtée quand la planète se transforma. L'arbre disparut.

Les caïmans, en revanche, restaient. Ils se trouvèrent bien ennuyés.

Pour mâcher leur nourriture, ils avaient besoin de bonnes dents. Qu'allait-il advenir d'eux, maintenant ?

Les premiers temps, ce fut une catastrophe. Les caïmans avaient des caries ; leurs dents tombaient, ils devaient manger de la bouillie. Ce n'était pas drôle.

Les vieux caïmans se raisonnaient.

En revanche, les jeunes caïmans ne pouvaient se permettre de vivre ainsi, surtout quand ils avaient très faim.

Parmi eux se trouvait Tourtoulou, un charmant caïman, dont l'ami d'enfance était un gentil petit oiseau : un pluvier.

Celui-ci se perchait sur son dos pour traverser la rivière ou pour se dorer au soleil, quand Tourtoulou s'étendait sur la plage.

Un beau matin, Tourtoulou gémit :

— J'ai mal à une dent. Aïe !

— Fais voir ça, dit le pluvier.

Tourtoulou ne se le fit pas répéter deux fois et ouvrit rapidement sa mâchoire.

Le pluvier se promena à l'intérieur de ce petit gouffre et déclara d'un air entendu :

— Je vais te nettoyer les dents, tu n'auras plus mal.

Effectivement, il se transforma en une sorte de brosse à dents en éliminant, à l'aide de son bec pointu, toutes les petites saletés qui s'étaient logées sur les gencives du malheureux Tourtoulou.

— C'est formidable, reconnut le caïman, je n'ai plus mal du tout.

Il retrouvait un sourire éblouissant ainsi qu'un solide appétit.

Il fit part à ses frères, sœurs et amis, de cette découverte.

Aussitôt, tous les caïmans demandèrent de l'aide aux pluviers qui se trouvaient là, et ce fut le début d'une belle amitié.

Souricette et le haricot

Dans un jardin à demi abandonné, poussait un pied de haricot et il mourait de soif en ce mois de juillet très sec.

Dans un laboratoire proche, Souricette, la souris blanche qui devait être soumise à des expériences, décida de s'échapper et se réfugia dans le jardin en pleine nuit. Au matin, elle arrosa le haricot vert.

Ensuite, elle s'installa bien à l'abri derrière de mauvaises herbes et personne ne put la retrouver.

Le haricot commençait à reprendre vie. Le soir même, la souris l'arrosa de nouveau, puis sa tâche finie, elle s'endormit.

La souris ignorait qu'elle portait sur elle une substance puissante pour faire pousser les plantes ; aussi fut-elle ahurie, le lendemain matin, de voir le haricot s'élever jusqu'au ciel.

Elle pensa qu'il devait découvrir bien des choses étranges et n'y résistant pas davantage, elle grimpa le long de la tige épaisse.

Mais au bout d'un moment, elle se sentit fatiguée car le plant de haricot arrivait à une telle altitude que le vertige s'empara d'elle.

Le haricot continuait à grandir et parvint avec Souricette, après un voyage pénible, sur une planète où vivaient des haricots blancs et des souris bleues.

Souricette fut nommée reine des souris bleues, et le haricot devint le chef des haricots blancs.

Le haricot vert se mit à grossir et il devint un arbre qui ombragea la planète.

Quant à Souricette, elle vécut parfaitement heureuse dans ce nouvel univers.

Et tout fut bien ainsi.

Une magnifique surprise

— Restez bien à l'abri, mes chéris, dit maman Castor à ses petits. Je vais aider votre père à agrandir notre domaine.

— Au revoir maman, répondent les petits castors qui se rendorment, le nez entre leurs pattes de devant.

Qu'il fait bon dans le lit moelleux et bien chaud !

Mais le soleil du printemps dans le bois les appelle vite au-dehors.

— On joue ? demande Niki, le plus jeune. On joue à cache-cache ? Ou à chat perché ? Ou aux gendarmes et aux voleurs ?

— J'ai une idée, répond Niko.

— Tu ne veux jamais faire ce que je propose, observe Niki, vexé.

— J'ai une très bonne idée, répète Niko.

— Dis-la vite, dit Nika.

— Si on faisait une petite maison de castors pour nous ?

— Oh ! c'est difficile ! proteste Niki.

— Mais non, assure Niko. Tu verras. Je suis grand, je saurai. J'ai déjà aidé papa. Venez, descendons la rivière, nous ferons notre barrage à nous.

Enthousiastes, les petits castors s'élancent. Quelle joie ! Construire une vraie hutte pour de bon !

Niko nage le premier et observe les rives.

— Ici, dit-il, ce sera bien. Commençons par le barrage.
— Oui, oui, crient ses frères, le barrage ! Le barrage !
— Venez, on abattra ce bouleau ensemble.
— Non, chacun son arbre !

Les trois castors attaquent trois jeunes arbres.

— Hé ! Niki, gros bêta, ronge surtout de ce côté-ci pour que l'arbre tombe dans la rivière.

Furieux d'être appelé « bêta », Niki se couche au pied du bouleau et boude un instant.

Tant pis pour le barrage ! Puisqu'il est un « bêta », il ne fera plus rien ! Non. Rien du tout ! Il va pouvoir dormir, rêver, se promener et s'amuser. Na, voilà ! Et il est presque content.

— Ah ! Niki, c'était pour rire, dit son frère. Tu as déjà bien travaillé. Je vais t'aider, viens.

Niki se lève lentement et se rapproche.

Les petites dents mordent le bois.

— Attention, Niki, l'arbre va tomber. Sauve-toi par là !

Crac ! V' lan !

Ça y est. L'arbre s'abat.

— Bravo Niki ! Fais-en des morceaux maintenant.

Comme la journée passe vite !

Niki s'active avec ardeur. Il a préparé un gros tas de rondins.

Le soir, le barrage est fait avec des branches entrelacées et de la boue que les castors aplatissent avec leur large queue.

— On a bien travaillé ! s'écrie Niki qui admire son travail.

Les jeunes castors reviennent lentement car ils sont très fatigués.

Rentrés dans leur hutte sous l'eau, les petits castors retrouvent leurs parents qui commençaient à s'inquiéter.

— Vous n'avez vu ni loutre ni renard ? demande maman Castor.

— Non, maman, on a bien travaillé, s'écrie Niki.

Niko lui pince la patte. Niki, le bavard, comprend et dit :

— On a travaillé... à... jouer.

— Tu ne sais plus ce que tu dis, répond maman. Tu t'es trop fatigué à courir et sauter. Va vite au lit. Dors.

Les jours suivants, les petits castors continuent. Ils bâtissent leur hutte avec des bouts de bois, des pierres et de la boue.

Niki entrelace les branches, tandis que Niko et Nika bouchent les fentes avec de la boue ou abattent un nouveau bouleau.

La chambre est presque terminée avec un lit d'herbes très moelleux quand Niki, tout d'un coup, se retourne et s'écrie :

— Hé ! la loutre ! la loutre !

Niko s'élance, suit le tunnel sous la hutte et aperçoit une tête plate avec de longues moustaches qui émergent au ras de l'eau. La loutre nage sans bruit, pour les surprendre.

Niko et Nika se battent avec la loutre qui plonge et disparaît sous les herbes flottantes.

— Bravo Niki, tu as bien fait la garde ! observe Niko, j'ai eu peur un moment.

— Et moi aussi, dit Niki.

— J'espère que la loutre ne reviendra pas, après ce qu'elle a reçu, ajoute Niko.

Enfin, un soir, les petits castors invitent leurs parents à venir voir la surprise.

— Il faut que vous veniez tous les deux, insiste Niki.

— Ils sont tellement sages depuis quelque temps, dit maman Castor. Qu'ont-ils encore inventé ? Je me demande bien à quoi ils passent leur temps, toute la journée. Pourvu qu'ils n'aient pas fait de bêtises !

— Nous verrons demain, répond tranquillement papa Castor. En attendant, il est l'heure de dormir. J'ai rudement sommeil.

Niki est si pressé qu'il s'éveille le premier et s'agite pour annoncer le jour à tous ces paresseux qui n'en finissent pas d'ouvrir leurs yeux.

— Alors, demande papa Castor, votre surprise, les enfants ?

— Descendez la rivière avec nous.

— Eh bien, allons-y tous !

Quelle joie de nager ensemble dans l'eau claire qui miroite au soleil et d'entendre chanter les oiseaux perchés dans les bouleaux !

— Voici notre domaine, dit fièrement Niki.

— Quelle plaisanterie ! répond papa. Qui habite ici ?

— Mais, c'est notre hutte à nous ! affirme Niki. C'est vrai, papa. Nous l'avons construite nous-mêmes !

Émerveillés, papa et maman entrent dans la hutte et disent :

— Bravo les enfants ! C'est une vraie surprise !

Nouka l'ourson blanc

Sur la grande banquise glacée, vit Nouka, le petit ours blanc, avec son papa ours, sa maman ourse et ses amis les pingouins.

Quelles bonnes glissades sur la neige glacée !

— Attention, Nouka, cache-toi, dit papa Ours, voici les chasseurs.

Nouka se fait petit, tout petit dans la neige et ferme les yeux.

— Bon, ils sont partis loin. Nouka, viens pêcher les saumons.

Nouka se régale puis rejoint sa mère l'ourse et lui offre un poisson.

— Oh ! s'écrie l'ourson, je voudrais aller tout seul, là-bas, loin, très loin, voir le bord du ciel.

— Quand le printemps viendra, mon petit Nouka, dit maman Ourse, nous t'apprendrons à nager.

Nouka écoute mais il ne sait pas ce qu'est le printemps.

L'ourson part à l'aventure, radieux, et avance vers la lumière.

Pendant ce temps, maman Ourse cherche son petit et appelle : Nouka ! Nouka !

Seules, les mouettes répondent : L'ourson blanc est parti vers la mer.

La maman court. Elle entend un craquement. Que voit-elle ?

Un iceberg s'est séparé de la banquise et glisse au loin, emporté par le courant. Sur cette île, un petit ours, tout seul, est blotti.

Plouf, maman Ourse plonge et nage pour rattraper l'iceberg qui s'éloigne toujours.

— Nouka, mon petit Nouka, Viens ! Nage avec moi !

— Mais je ne sais pas, maman ! J'ai peur !

— Allez, saute, saute vite ! Puis, fais comme moi. Nage, nage, remue tes pattes, encore, encore, encore ! Bon, c'est bien, mon Nouka. Je reste près de toi.

Tu vois, on avance.

C'est ainsi que Nouka, l'ourson aventureux, a retrouvé la banquise, son papa et ses amis les pingouins et les phoques.

Les deux kangourous

Avant l'arrivée de l'homme sur cette terre, deux frères kangourous vivaient parmi les autres animaux.

Ils étaient très gentils, blancs, ce qui suscitait un soupçon de jalousie à la ronde.

L'hermine, elle, se trouvait, pour sa part, aussi blanche qu'eux et n'éprouva pas ce vilain sentiment.

Un beau matin, l'aîné des kangourous qui s'appelait Kapi dit à son frère :

— Japo, j'ai envie de jouer, mais je ne sais plus à quoi.

Japo réfléchit et répondit :

— Sautons !

— Ce n'est pas original, dit Kapi en haussant les épaules.

— Sautons pour savoir qui va le plus haut, répliqua Japo, nous l'ignorons.

— C'est moi qui saute le plus haut, affirma Kapi, sûr de lui.

Là-dessus, le voilà qui bondit de plus en plus haut, de façon à traverser un nuage gris qui passait par là, tout à fait par hasard.

Le nuage fronça les sourcils.

— Excusez-moi, dit Kapi, j'ai sauté plus haut que prévu. Je redescends.

Mais voyant que le sol était très bas, il fut pris de vertige. Inquiet, il ferma les yeux.

Le nuage se mit à rire ; ceci donna un balancement pénible pour le jeune kangourou qui n'hésita pas à arracher des lambeaux de nuage pour en faire une échelle et se tenir aux barreaux.

Le nuage était en colère. Kapi se dépêcha de rejoindre la terre.

Le nuage soudain se calma et poursuivit sa course en riant.

— Pourquoi rit-il ? se demanda Kapi, étonné.

Il le sut deux minutes plus tard, par Japo.

— Tu as bien sauté, mais te voilà tout gris.

Kapi essaya en vain de faire partir cette sorte de poussière. Navré, il dut convenir qu'il resterait ainsi.

— Tu es superbe, affirmèrent les animaux, sincères.

L'hermine même le demanda en mariage.

— Je suis trop jeune, dit le Kangourou.

— J'attendrai, dit l'hermine.

Japo devenait jaloux de son frère, à tel point qu'il en tomba malade.

Le loup de Tasmanie qui le soignait, osa lui dire que c'était très mal.

— J'ai honte en effet, dit Japo.

Il se rétablit vite.

Son but fut d'atteindre un nuage gris. A cette fin, il s'entraîna la nuit et atteignit des hauteurs appréciables.

Malheureusement, Japo ne rencontrait aucun nuage et sa fatigue était grande. Il dormait le jour.

— J'ai des insomnies, disait-il aux autres animaux.

Ceux-ci n'étaient pas dupes et décidèrent de veiller toute une nuit pour voir ce que faisait Japo.

Le kangourou parvint à sauter extrêmement haut... Il ne vit pas le jour se lever. Le soleil riait...

Il lâcha sur la terre un petit rayon qui resta ancré dans le pelage de Japo, ahuri d'être rouge.

Les animaux riaient et applaudirent très fort.

Ainsi naquit la race des kangourous rouges et gris.

Vivre en liberté

Séverine, la petite taupe, est toujours triste car elle ne voit jamais le soleil. Elle a beau habiter une caverne ravissante, aux tapis et aux coussins moelleux, aux meubles brillants à force d'être lustrés, la joie n'habite guère son cœur. Elle est seule et elle s'ennuie.

Un matin d'été, lassée d'être trop prudente et d'écouter les conseils dont l'ont abreuvée, sa vie durant, tous les membres de sa famille, dame Taupe, après s'être vêtue de sa plus jolie robe de mousseline, ouvre la trappe qui la sépare du monde extérieur et se risque à affronter l'univers.

Ses genoux s'entrechoquent de peur, mais elle se dit :

— Plutôt le danger, la mort, que cette existence terne et languissante !

Le soleil tout d'abord l'aveugle, mais il réchauffe bien vite ses os transis et, Séverine, envahie d'un doux bien-être, flâne çà et là, s'approche des

grands arbres, suit le vol d'un papillon, écoute avec ravissement les chants joyeux des oiseaux — ces animaux libres — et s'installe confortablement au bord de la rivière.

— Comme la nature est belle ! s'exclame-t-elle.

— Hello ! s'écrie un poisson, sortant sa petite tête de l'eau. Salut, gente dame ! Je m'appelle Gontran.

Effarouchée, Séverine fait un bond en arrière.

— Ne prenez pas ainsi la fuite, dit Gontran, réprobateur ; vous ferais-je peur, moi qui suis condamné à ne pouvoir vivre que sous l'eau ?

Séverine rétorque :

— Mais moi, jusqu'à présent, c'est sous terre que j'étais condamnée à vivre, et j'y étais si malheureuse...

— Vous voilà pourtant à l'air libre, il me semble ! conclut sentencieusement Gontran. Comparez avec moi...

Séverine prend alors conscience de sa chance. C'est vrai qu'elle peut vivre en contact direct avec la nature, tandis que Gontran mourrait, hors de l'eau... Ses yeux se mouillent tandis qu'elle s'exclame :

— Pauvre Gontran ! je viendrai chaque jour vous tenir compagnie.

C'est ainsi qu'on put voir fréquemment, Séverine, la petite taupe libérée, venir relater la vie du dehors à son ami Gontran, le poisson.

Le petit chat qui a déchiré sa culotte

— Attention, dit maman Cnatte à ses petits. Mettez vos beaux habits du dimanche pour aller souhaiter la bonne année à la tante Amélie. Surtout, restez propres !

Minouchet frotte ses souliers vernis.

Antoine serre sa cravate.

Bijou remonte sa ceinture.

Fripon admire sa chemise blanche dans la glace.

Maman Chatte trouve ses enfants fort jolis. Elle en est fière.

Mais le temps est long pour quatre petits chats turbulents.

Minouchet attrape une mouche sur la vitre.

Antoine joue à cache-cache derrière les rideaux.

Bijou fouille dans un tiroir.

Fripon court après un chien. Il a peur. Il grimpe le long de la gouttière. Il se promène sur le toit. Il descend sur le mur. Il saute dans le jardin.

— Nous partons. Venez vite! mes enfants, dit maman Chatte après avoir mis son chapeau à plumes et son foulard rose.

Hop! Hop! Hop! Hop! Quatre petits chats arrivent à la barrière.

— Oh! s'écrie maman, Fripon, qu'as-tu fait?

Fripon baisse le nez.

Minouchet, Antoine et Bijou le regardent tristement.

— Le vilain ! dit maman en colère. Tu as déchiré ta culotte ! Pour ta peine, tu vas rester ici, tout seul et tu iras te coucher sans souper!

Fripon rentre à la maison tout penaud.

— Et vous trois, ajoute maman, tenez-vous bien, vous m'entendez. N'allez pas me faire honte devant la tante Amélie.

Minouchet, Antoine et Bijou arrivent chez la tante Amélie. Ils essuient leurs chaussures sur le paillasson. Ils sonnent à la porte.

— Bonjour, tante Amélie!

— Bonne année, tante Amélie!

— Bonne santé, tante Amélie !

Maman Chatte est bien contente.

Mais, pour les petits chats sauvages, comme le temps est long! Ils restent assis sagement dans les fauteuils du salon. Ils ont envie de glisser sur le plancher mais maman leur fait les gros yeux.

Enfin, le goûter!

Des gâteaux, des bonbons et des sucreries de toutes les formes et de toutes les couleurs!

Minouchet, Antoine et Bijou boivent lentement le chocolat au lait et pren-

nent gâteaux, bonbons et sucreries en disant :

— Merci, tante Amélie.

— Merci, tante Amélie.

— Merci, tante Amélie.

— Vos enfants sont bien élevés, dit tante Amélie.

Maman Chatte sourit. Cela fait plaisir à entendre.

Tout heureux, les petits chats croquent ces friandises et, bien doucement, sans bruit, remplissent leurs petites poches...

Pendant ce temps, Fripon monte dans sa chambre, très triste. Il s'assied sur son lit et pleure à chaudes larmes parce qu'il s'ennuie.

Il ne peut pas partager le bon goûter chez tante Amélie.

Fripon regrette les bons gâteaux croustillants et le chocolat au lait fumant que tante Amélie fait si onctueux.

Comme le temps paraît long quand on est tout seul ! Et comme le grand jardin est désert ! Pourquoi le soleil baisse-t-il là-bas si vite dans le ciel? Déjà, il fait sombre. Les fleurs se ferment et les papillons se cachent.

Pauvre Fripon ! Il s'est tant frotté le museau avec ses pattes salies sur la gouttière qu'il est tout noir maintenant...

Et puis, qu'est-ce qui crie comme ça dans son ventre vide ?

Que les petits frères ont de la chance ! Ils doivent bien s'amuser tous les trois et se régaler ! Enfin, le soir, Minouchet, Antoine et Bijou peuvent tout de même enlever les beaux habits du dimanche et les plier soigneusement sur une chaise.

Avant de se coucher, chacun d'eux se penche sur le lit de Fripon.

Fripon a encore les yeux gonflés de larmes et le ventre creux.

— Tiens, dit Minouchet, voici des gâteaux pour toi.

— Tiens, dit Antoine, voici des bonbons pour toi.

— Tiens, dit Bijou, voici des friandises pour toi.

— Merci, répond Fripon consolé.

Tandis que ses frères dorment déjà, Fripon, tout content, sous sa couverture, croque les délices de tante Amélie :

— Bonne année, tante Amélie !

Ali, le petit âne

Comme chaque matin, Mohammed le petit ânier et Ali l'ânon, traversent la palmeraie pour se rendre au puits qui irrigue les cultures de sorgho et de mil, près de l'oued desséché. Attelé à un système de poulies qui actionne une immense roue, Ali va et vient sans relâche. Un par un, les godets plongent dans l'eau qu'ils déversent ensuite dans une multitude de petits canaux. Besogne harassante et sans répit qui permet aux champs de rester verts malgré la sécheresse.

Ali est fourbu ! L'air tiède, le ciel pur et le parfum des orangers lui donnent envie de brouter librement et de gambader à son aise. Une idée lui vient : il se roule sur le chemin, comme soudain pris de violents maux de ventre. Mohammed, au lieu de le reconduire à l'écurie, se répand en lamentations . Que va-t-il devenir ? La moisson va être perdue et il est trop petit pour remplacer son compagnon de misère et de labeur ! Allah ! Allah ! implore le garçonnet.

Pris de pitié devant le désespoir de son ami, Ali abandonne avec regret ses projets d'évasion et se relève. En avant !

Petit halbran deviendra grand

L'aube blanchit la lande, chasse les buées bleutées posées sur le marais et le réveille.

— Tous à l'eau ! dit maman Colvert à ses sept petits. Et... suivez-moi de près !

Fière, elle dresse son cou et les conduit là où les joncs sont si hauts qu'on ne peut les apercevoir. Tant de dangers les guettent !

C'est qu'ils sont encore canardeaux... Et les plumes de leurs ailes sont insuffisamment poussées pour leur permettre de voler.

Drakkar, le plus petit, le plus malicieux, se fait sans cesse réprimander :

— Ne reste pas toujours le dernier !

— Mais maman, il en faut bien un dernier !

— Insolent. Je ne veux pas que ce soit toi !

— Vivement que je sois halbran ! soupire-t-il.

Les canardeaux sont devenus des halbrans...

Ils volent maintenant. Mais maman continue ses recommandations, surtout envers Drakkar qui trouve cela intolérable.

Dame Grenouille, sortie de l'eau, les aperçoit : sept goinfres en plus. Brrr ! Méfiante, elle file en larges sauts, entraînant les siens.

— Tiens, fait Drakkar, de la grenouille ! Ça changerait le menu !

Décidé à tout, il les suit. L'épervier qui regarde le manège et attend cet instant, fonce vers l'halbran.

Dame Grenouille n'est pas méchante. Elle a vu l'oiseau de proie :

— Stupide halbran ! Laisse les grenouilles tranquilles et lève ton nez. Tu vas être emporté par l'épervier.

— Merci, dame Grenouille. Je ne le méritais pas !

— Tu allais à une drôle de punition. Ne pourriez-vous pas, toi et les tiens, manger autre chose que des grenouilles ?

— C'est promis, je le dirai à toute la famille.

Quelle joie de se retrouver ! mais Drakkar tremble encore. Penaud, il conte l'histoire, sa promesse envers les grenouilles. Réunis autour de maman, heureuse, ils jurent que plus jamais ils ne mangeront les gentilles grenouilles !

Woopy et le raton laveur

Woopy était un gentil petit Indien qui habitait avec ses parents un village de toile à l'orée de la forêt.

Comme tous les petits garçons indiens, Woopy accompagnait chaque jour son papa lorsqu'il partait pêcher ou chasser, car il devait apprendre à son tour à se servir d'un arc et de flèches. Souvent Woopy, qui avait très bon cœur, remontait les lourds baquets pleins d'eau fraîche dont sa maman avait besoin pour les soins du ménage et de la cuisine. Il avait aussi vite appris à confectionner une hutte à l'aide de branchages, qui pouvait servir d'abri au chasseur égaré pendant la mauvaise saison. L'art de faire boucaner de longues lanières de viande au-dessus d'un feu de bois n'avait plus de secret pour lui.

Un matin, alors qu'il pêchait seul à bord de son petit canoë, il aperçut, coincée entre les racines de palétuviers, une boule de poils, gémissante, grelottant de froid. A l'aide de sa pagaie, Woopy ramena à lui un curieux animal qui semblait minuscule dans sa fourrure tachée de sang. Il le saisit à deux mains et eut la surprise de constater qu'il pesait à peine. Le petit Indien reprit bien vite le chemin de sa maison, sa trouvaille blottie au chaud contre sa poitrine.

— C'est un bébé raton laveur, dit son papa. Vois ses yeux cerclés de brun.

Obligeamment, la maman de Woopy, attendrie, fit tiédir du lait et pansa la blessure, tandis que le petit animal s'endormait, rassasié. Les nuits étant fraîches, Woopy glissa son petit protégé sous sa propre couverture de fourrure.

Woopy baptisa le petit animal Floup.

Celui-ci guérit rapidement, ses petits yeux noirs comme du réglisse retrouvèrent leur vivacité et sa fourrure son lustre ; sa jolie queue beige et brune était soyeuse à souhait. Perché sur l'épaule de Woopy, il l'accompagna bientôt dans toutes ses expéditions.

Souvent le petit Indien offrait au jeune raton laveur quelque produit de sa pêche. Il s'amusait alors beaucoup à voir Floup tremper, laver, frotter, gratter la nourriture avant de la manger.

A quelque temps de là, les femmes du village se réunirent, se plaignant au grand sorcier des larcins d'un mystérieux voleur. Ce dernier dérobait en grande quantité des pains de sucre, le précieux sel et la farine soigneusement entreposés dans une hutte bien close.

L'indignation était grande car l'hiver approchait, le rude hiver canadien, et la nourriture était précieuse. Un tour de garde fut donc décidé mais, en dépit des rondes vigilantes, le voleur ne fut pas découvert. Le tour de Woopy arriva enfin. Quelle ne fut pas sa surprise, alors que la nouvelle lune éclairait la clairière, de voir Floup se faufiler entre deux rondins et pénétrer dans le garde-manger.

Il reparut bientôt, serrant contre son cœur un pain de sucre et prit le chemin qui menait au fleuve. Woopy le suivit en se dissimulant de son mieux.

Arrivé au bord de l'eau, le petit raton laveur, fidèle aux rites de sa race, trempa, frotta, lava son larcin. Si bien que lorsqu'il s'apprêta à le déguster avec des mines gourmandes, il ne restait plus qu'une petite bouillie visqueuse collée à ses pattes qu'il lécha, l'air désappointé. Woopy se retenait de rire...

Nullement découragé, Floup repartit en expédition et, avant que Woopy ait pu intervenir, le petit raton-laveur était à nouveau à l'œuvre, lavant à grande eau un bloc de sel gemme qui subit le même sort et fondit rapidement entre les vigoureuses petites pattes. Mais quelle grimace lorsque Floup, plein de convoitise, entreprit de lécher sa fourrure poisseuse !

Woopy intervint alors et attrapa à bras-le-corps Floup, indigné, ne comprenant rien aux reproches dont on l'accablait.

— Il faut te séparer de ton ami, dit sagement le grand sorcier à Woopy en pleurs. Il est adulte à présent, il doit rejoindre ses frères. Nous ne pourrions pas le nourrir avec le rude hiver qui s'annonce, il sera plus heureux parmi les siens car il doit apprendre à survivre selon les lois de la nature.

Prends ton canoë et dépose-le au tournant du grand fleuve, près de la forêt de bouleaux où tu le trouvas jadis. Il y a là toute une colonie de ratons-laveurs.

Woopy eut un gros chagrin à l'idée de se séparer de son petit ami, mais les paroles du sorcier étaient sages. Il était si dur de survivre au cœur de l'hiver, au camp indien chaque bouchée de nourriture comptait.

Le petit Indien refit donc une dernière fois le trajet sur le grand fleuve, en transportant Floup dans son joli canoë. Celui-ci glapissait de joie, trempant ses pattes brunes dans l'eau fraîche. Woopy accosta sur la berge près d'une forêt de bouleaux dont les feuilles jaunissaient déjà au soleil d'automne.

Une dernière fois, il serra son ami dans ses bras puis le déposa à terre et s'éloigna rapidement de quelques mètres à bord de son canoë, afin d'observer, à travers ses larmes, le comportement du petit animal.

Floup surpris, commença d'abord par protester dans son langage, en sautillant sur place, puis, apercevant sous une haie un autre raton laveur en train de cueillir des baies savoureuses, il se précipita afin de jouer avec lui.

Il avait retrouvé sa place parmi les siens, ce qui consola un peu son jeune protecteur.

De nombreux travaux attendaient Woopy, il fallait faire provision de viande de caribou. Le temps des jeux était passé...

Voyage dans la lune

Minou et Kity, deux gentils chatons, s'amusent follement à sauter du haut d'une meule de foin, à l'aide d'un vieux parapluie découvert au fond du grenier.

Vient à passer Amélie, petite souris fière mais fort peureuse.

— Invitons-la à jouer avec nous, rient les deux compères dans leurs moustaches.

— Cela dépend du jeu? questionne prudemment la souricette.

— Il est très drôle! Viens, tu verras comme c'est amusant!

Amélie est contrainte d'accepter, afin de ne pas paraître poltronne.

Tout se passe bien et les trois nouveaux amis s'en donnent à cœur joie.

Amélie, elle-même, prend goût à ce jeu nouveau qui lui fait quitter son univers familier.

Tout occupés à leur jeu, les trois amis ne s'aperçoivent pas que le ciel s'obscurcit et que le vent se lève.

Le parapluie est pris dans une rafale et se retourne. Minou, Kity et Amélie sont projetés au fond et transportés dans les airs. Ils crient très fort mais personne ne les entend.

Ballottés au gré du vent, livrés à ses caprices, les voilà qui atterrissent sur la lune.

Là, merveilleuse surprise pour Amélie, elle est faite de gruyère.

— Mm ! ce que je vais me régaler ! dit-elle à ses deux compères qui font grise mine.

La petite gourmande se met aussitôt à la grignoter, tant et si bien qu'il n'en reste plus et que nos trois amis tombent en chute libre vers la terre ! Catastrophe !

Les deux chatons sont très fâchés car, maintenant, sans lune, les nuits sont noires et tristes. Ils décident, avec l'aide des étoiles, de la reconstituer non plus de fromage mais de parcelles de lumière.

Minou et Kity sont heureux de voir, à nouveau, la lune briller mais Amélie mérite une leçon !

La souricette est déjà bien punie car son ventre lui fait si mal qu'elle doit prendre beaucoup d'huile de ricin. Pouah ! Quelle horreur !

Malgré sa souffrance, Minou et Kity ne lui pardonnent pas et la poursuivent chaque fois qu'ils la voient.

C'est la raison pour laquelle les souris se sauvent toujours devant les chats !

La légende du rouge-gorge

Dans la grande forêt de jade pleurait le gentil dauphin, assis sur la mousse verte. Il appelait désespérément au secours, s'étant perdu loin de son palais de marbre rose. La première à entendre ses appels de détresse fut une colombe blanche.

— Colombe, ma mie, porte à mon père ce mouchoir, afin qu'il vienne me chercher avec son cheval.

— Que je gâte ma neigeuse parure au cours de ce long voyage, mais tu n'y penses pas !

Et sans plus tarder elle s'envola dans un froufrou d'ailes argenté. Deux merles, tout de noir vêtus furent les seconds à s'arrêter près du prince.

— Amis, gentils amis, allez remettre ce mouchoir au roi mon père, afin de l'aviser que son fils est égaré au sein de la forêt d'émeraude.

— Gentil prince, le temps nous presse car il nous faut bâtir notre nid, avant que ne jaunissent les feuilles. Et ils s'en furent, laissant le prince à sa détresse.

Une mésange bleue vint minauder autour du prince.

— Toi qui es un vif-argent, vole à tire-d'aile vers mon père pour lui dire que son enfant tremble loin de lui.

— A peine t'aurai-je quitté, petit prince, que je ne me souviendrai pas de t'avoir rencontré. Ainsi suis-je faite, légère en tout!

Et elle s'en fut, insouciante et fragile, dans l'azur du ciel. Alors que le prince perdait tout espoir d'être sauvé, un petit oiseau gris éminence, aussi neutre et effacé que l'était son plumage, se posa sur la main du prince. Il lui fallait faire quelque chose pour sauver ce gentil dauphinAlors, il saisit le mouchoir brodé et prit son envol vers le château rose.

Mais la distance à couvrir était fort grande pour un si petit oiseau! Il sentit ses forces l'abandonner. Et c'est épuisé qu'il tomba aux pieds du roi. Ce dernier était monté au chemin de ronde, en compagnie de la reine pour guetter le retour de leur dauphin.

Le roi s'empressa de ramasser l'oiselet qu'il remit entre les mains de la souveraine, afin qu'elle le réconforte. Puis, pressant le mouchoir brodé sur son cœur, il partit à la recherche de son enfant. Ainsi sauvé, le petit prince du royaume enchanté récompensa son généreux ami. Il le nomma donc, cet oiseau tout de gris vêtu, le Chevalier à la Rose. En guise de décoration, pour cette haute distinction, il lui orna la gorge d'une rose couleur carmin. Il était superbe ainsi, le jabot flamboyant, tout pareil à un soleil éclatant.

Rouge-gorge il devint et en gage de sa reconnaissance, le roi en fit à jamais l'ami sincère de l'homme des champs et de celui des villes. La reine, quant à elle, voulut le protéger de son ennemi mortel : l'hiver. Elle lui garantit donc, pour l'éternité, le secours des humains. Voici pourquoi, le temps de la neige venu, le petit rouge-gorge, se rapprochant des maisons, vient frapper aux carreaux effrontément afin de rappeler à l'homme qu'il se doit d'assurer sa subsistance, pour lui permettre de survivre jusqu'au prochain printemps.

Et jusqu'à ce jour le pacte n'a jamais été rompu. Bien au contraire, car au cours des siècles ce petit roi, cette fleur de nos jardins, a compris qu'il n'avait rien à craindre de l'homme. En effet, il était devenu pour lui, mieux qu'un ami, un porte-bonheur. Pour cela, il mérita son respect. Petit rouge-gorge joli, lumière de nos mornes journées de grisaille, nous continuerons à te protéger. Ainsi survivras-tu au rythme des saisons pour notre plus grand plaisir, puisque tu seras la vie, durant de longues années encore, de nos hivers blancs.

Foufou le poulain

Foufou gambade sur l'île, broute le gazon, arrache les chardons et goûte aux genêts en fleur puis effarouche les agneaux.

— Si j'avais un petit bateau, rêve Foufou le poulain, je pourrais aller sur les îles, là-bas, et je rapporterais des crevettes roses, des homards verts et des poissons brillants.

Aujourd'hui, c'est la grande marée. La mer se retire loin, très loin. Tous les pêcheurs partent en bateau avec leurs casiers à homards.

Trot ! Trot ! Trot ! Foufou saute sur les rochers, marche dans l'eau et atteint d'autres rochers. Oh ! comme la mer se retire !

— Ma petite île ! Ma petite île ! Enfin ! s'écrie Foufou. Tiens, où est donc l'éléphant de pierre ?

Foufou est si heureux qu'il ne voit pas la mer revenir doucement.

Le soir arrive : la mer violette entoure l'île d'une collerette d'écume et gronde entre les rochers.

— Ah ! la coquine ! s'écrie Foufou. Elle a caché le chemin sous l'eau !

Foufou galope dans le vent, sur l'île déserte, heureux de vivre en liberté.

La nuit arrive. Le ciel étoilé est si vaste.

— Oh ! dit Foufou, je voudrais courir parmi les étoiles ! Ce doit être merveilleux !

Les hauts rochers noirs ressemblent à des bêtes féroces. Foufou n'a pas peur.

Il n'a jamais peur de rien.

Quelle joie pour le jeune poulain de passer la nuit à la belle étoile sur son île à lui ! Il ne pense même pas à sa mère qui le cherche partout parmi les ajoncs et les rochers.

Le père la rassure et dit :

— Ton poulain reviendra demain quand la mer se sera retirée. Pour l'instant, il dort.

C'est vrai. Foufou s'est endormi près de l'éléphant de pierre, sous la protection des étoiles...

Les poissons japonais

Flic ! Floc ! Arabelle et Poébus, magnifiques poissons japonais aux immenses nageoires transparentes et irisées comme les voiles d'une danseuse orientale, s'étalent au milieu d'une flaque d'eau sous le canapé du salon. L'équipée finit mal, malgré les projets échafaudés depuis quelques jours sous le regard sarcastique de Gaëtan, le vieux poisson rouge.

Ah ! changer de décor ! Imiter les mésanges du jardin, quel rêve ! Les essais se succèdent devant la mine renfrognée de Gaëtan, agacé par les arabesques saccadées et les chassés-croisés de ses congénères.

Maintenant, c'est le « grand jour »... Partis du fond de l'aquarium, ils prennent leur élan, nagent vigoureusement, s'envolent, s'élèvent en brassant l'air désespérément de leurs nageoires chatoyantes et... la trajectoire se brise net, c'est le plongeon dans le noir devant un Gaëtan hilare.

— Qui va nous découvrir ? Nous allons périr asphyxiés, s'affolent nos deux écervelés.

C'est l'heure du repas et la petite Valérie est intriguée de voir Gaëtan seul ; elle cherche alentour et se met à pleurer à gros sanglots. Le poisson rouge, oubliant ses rancunes, rassemble ses forces vieillissantes. Il se cabre et va rejoindre nos deux héros.

Valérie le suit des yeux et, folle de joie, recueille dans ses mains jointes, plus morts que vifs, ceux qui deviennent ensuite les trois meilleurs amis du monde. Ils sont choyés par leur petite amie et coulent des jours paisibles, sans désir d'évasion...

Une joyeuse famille

C'est le printemps. Dans la forêt, papa et maman Ours attendent avec impatience la naissance de leur premier enfant.

Pendant de longs jours, papa Ours a préparé avec amour une litière confortable pour la future maman. De son côté, l'ourse a tricoté de la layette d'un joli bleu pour le bébé à venir.

Le jour tant attendu est arrivé. Bébé est né : c'est un garçon et il ressemble à une grosse boule de fourrure rousse.

— Nous l'appellerons Teddy ! décide papa Ours, fort satisfait.

Tous les animaux de la forêt viennent féliciter les heureux parents et admirer aussi le ravissant Teddy.

Le temps passe, l'été arrive, faisant refleurir la forêt. Teddy a grandi, c'est un ourson adorable, mais très gourmand !

Un jour, malgré les recommandations de sa maman, n'y tenant plus, il grimpe dans un gros arbre où il a repéré une ruche pleine de miel délicieux, semble-t-il. Teddy se délecte à l'avance, lorsque la reine et son essaim bondissent sur lui, telle une tornade, et piquent le pauvre ourson sur tout le corps.

Teddy doit battre en retraite et accourt auprès de sa maman qui le soigne en le grondant gentiment.

— Il faut attendre que les abeilles aient quitté leur domaine avant de goûter à leur bon miel doré, conseille-t-elle. Lorsque tu seras guéri, je te montrerai ; tu verras, ce n'est pas bien difficile.

L'été passe... l'automne est là...

Papa Ours doit trouver un logis confortable pour le long hiver qui ne tardera pas à venir.

Aussi, un matin, très tôt, part-il à la recherche de ce logis. Maman Ourse a rempli pour lui un panier plein de bonnes choses car le chemin risque d'être long ; ce n'est pas facile.

Quelques jours après, l'ours revient dans la forêt. Il a découvert, non loin de là, une caverne dans laquelle il fera bon passer l'hiver.

La famille rassemble ses affaires et va s'installer dans son nouveau domaine.

Bientôt l'hiver arrive. Les flocons de neige tourbillonnent dans le ciel gris.

Les trois ours calfeutrent soigneusement l'entrée de la caverne. Ils vont s'endormir pour plusieurs mois.

Dormez bien ! Lorsque vous vous réveillerez, ce sera le printemps !

Biribi l'âne roux

Biribi est un âne roux qui a la couleur chaude des écureuils. Biribi a une amie, une petite fille de sept ans : Capucine.

— Viens, Biribi. Partons ensemble.

— Monte sur mon dos, Capucine.

Ainsi, les deux amis quittent la ferme un beau matin d'été pour aller à la mer.

La rosée brille dans l'herbe verte et les aubépines sentent bon sur leur passage.

— Bonjour, bonjour, disent les poulains.

— Bon voyage ! crient les oiseaux.

— Bonne journée ! ajoutent les écureuils.

— Je vous rapporterai de jolis coquillages.

Biribi continue sa route et rêve de la mer qu'il n'a jamais vue...

— Comment est-ce la mer ? pense-t-il.

Parfois, Biribi savoure l'herbe fine et les petits chardons fleuris.

Les papillons volent autour de Capucine. Les libellules aux ailes de lumière cherchent la fraîcheur du ruisseau...

Capucine est heureuse et Biribi trotte avec plaisir.

Enfin, Biribi et Capucine arrivent à la mer. Biribi regarde et dit :

— C'est si grand la mer !

— On peut marcher dans l'eau. Au bord, ce n'est pas profond. Viens !

Les deux amis jouent toute la journée dans les vagues et rient. Ils se couchent dans le sable chaud. Ils s'amusent comme deux petits fous. Les moutons des dunes viennent courir avec eux.

Biribi et Capucine sont si joyeux qu'ils oublient le temps et l'heure.

Quand le soleil rouge plonge au fond de l'eau et que la mer devient mauve et rose puis violette, ils s'aperçoivent que le soir est enfin venu.

— Restez ici, disent les agneaux. Notre cabane est grande.

— Non, merci, répond Capucine. Nous devons rentrer.

Sur la route déserte enveloppée de nuit, les deux amis reprennent leur marche dans l'herbe endormie.

Toutes les étoiles d'or scintillent. Des milliers de diamants brillent au cœur de la nuit.

— C'est si beau ! dit Biribi qui s'arrête pour admirer.

Puis il trotte sur le chemin éclairé par la lune.

Biribi et Capucine avancent de plus en plus lentement. Pourquoi ? Peut-être sont-ils fatigués par le soleil et la route ? Peut-être ont-ils peur d'être grondés ? Peut-être aussi parce que personne ne comprendra leur bonheur...

Capucine ne pouvait plus être heureuse si son ami Biribi ne voyait pas la mer.

Et, maintenant, dans le coin sombre de l'étable triste, attaché par une corde, Biribi n'a pas le courage de manger tant son dos battu lui fait mal. Ses yeux doux sont mouillés car il ne reverra plus sa chère amie Capucine.

Il songe à la lumière du soleil, aux fleurs, aux papillons et aux oiseaux, à la mer si vaste et à son amie Capucine.

Tout le bonheur du monde est perdu avec la joie du soleil et la danse brillante des étoiles au cœur de la nuit !

Pauvre Biribi, petit âne roux !

Dans la maison voisine, on marche sur la pointe des pieds. Chut !

Capucine est malade et a beaucoup de fièvre car elle a trop voyagé au grand soleil d'été. Elle répète :

— Mon ami. Je veux mon ami Biribi !

Le médecin a dit :

— Il ne faut pas la contrarier. Qu'elle ne pleure pas, surtout !

Alors, papa disparaît au bout du chemin fleuri et va vers la ferme.

Que peut-il bien dire au fermier ?

Capucine s'éveille, que voit-elle ?

Biribi est là, allongé sur la descente de lit qui lui lèche la main doucement et dit :

— Je ne te quitterai plus, Capucine. Guéris-toi vite.

— Biribi est à toi, murmure papa. Je l'ai acheté au fermier.

— Oh ! papa ! tu m'as donné toute la joie du monde ! Tu m'as rendu mon ami Biribi !

Le petit chien de personne

C'est le soir de Noël. Caramel, le petit chien couleur de miel montre son nez au bout du trottoir. Il est seul et s'ennuie...

Les gourmands croquent déjà des chocolats. Personne ne voit Caramel le petit chien tout seul, le petit chien de personne.

Dans la maison chaude on a allumé le grand sapin de Noël.

Les enfants chantent :

— C'est ce soir Noël !

Caramel regarde par la fenêtre et il a froid partout, froid jusqu'au cœur parce qu'on l'a oublié...

— Tiens, dit Caramel, qui marche dans la nuit noire ?

Une ombre se penche vers lui.

Une main le caresse.

— A qui es-tu ? demande la voix.

— Je suis le petit chien de personne.

Le gamin regarde Caramel.

Le chien se redresse et lèche le petit garçon. Il a des cheveux roux qui tombent dans ses yeux.

— Veux-tu être mon ami ? dit

le petit garçon sauvage.

— Oui, répond Caramel.

Alors, ils partent tous les deux.

Caramel et son compagnon marchent longtemps dans la nuit à travers les terrains vagues où le vent balance les herbes folles.

Enfin, arrivés dans une vieille roulotte, Caramel et son ami trouvent un peu de chaleur.

Ils se serrent près du poêle.

— Tu vas partager mon lait.

Ils dorment blottis l'un contre l'autre sur un tas de chiffons.

Depuis ce jour-là, le petit chien de personne et le petit garçon sauvage ne se sont plus quittés.

Ils sont heureux ensemble,
Tous les jours du printemps,
Pour sauter dans le vent,
Tous les jours de l'été,
Pour courir dans les blés,
Tous les jours de l'hiver,
Pour glisser sur la neige
Et surtout le soir de Noël
Pour la joie de s'aimer.

La maisonnette de l'amitié

Tout en haut du grand chêne, dans son nid tapissé de feuilles sèches et de mousse, Gentil l'écureuil s'éveille et dit :

— Le printemps va venir, je voudrais entendre la forêt chanter.

— Moi aussi, répond Pic-Poc le hérisson.

— Écoute, propose Gentil, construisons la maisonnette de l'amitié pour les oiseaux gelés au cœur de l'hiver.

Gentil et Pic-Poc travaillent sans arrêt.

Ils bâtissent une jolie maisonnette de rondins avec une grande cheminée.

Ils fabriquent des nids avec des brindilles entrelacées, du duvet et de la mousse, un peu de laine et beaucoup d'amour.

Gentil suspend des plantes sèches.

Le loir et la belette, le lapin de garenne et le mulot veulent aider aussi.

Les oiseaux s'égosillent de l'aube à la nuit.

Gentil et Pic-Poc regardent avec plaisir la maisonnette de l'amitié.

Dès les premières rafales de l'hiver, les oiseaux arrivent : les verdiers et les rouges-gorges, les mésanges bleues et les bouvreuils, les alouettes et les tourterelles, les bergeronnettes, les fauvettes et les pinsons.

Gentil et Pic-Poc parcourent les chemins déserts et, dans la neige glacée, découvrent des oiseaux transis. Ils les rapportent à la maisonnette, les réchauffent près du feu, les frictionnent et les couchent dans les nids douillets.

Blottis au chaud, les oiseaux guérissent vite, chantent leur joie et remercient. Toute la forêt chante dans la maisonnette : c'est le printemps et l'été en hiver.

Mais, un soir, une tempête s'abat sur la forêt :

— Je vais voir sur les chemins, déclare Gentil l'écureuil.

— Non, dit Pic-Poc, tu es fatigué. Reste. J'irai.

— Non, répond Gentil. Toi, ajoute des bûches dans le feu.

Pourquoi Gentil ne rentre-t-il pas ? Où le retrouver ? La neige a effacé ses traces.

Épuisé, Gentil avance de plus en plus lentement sur les sentiers. Il grelotte et tombe dans la neige glacée.

— Tiens, tiens, dit la chouette du vieux moulin qui surveille la nuit par sa lucarne, si j'allais voir ?

Sur la neige gelée, elle découvre Gentil à bout de forces. Elle le secoue. Il ne bouge plus. La chouette appelle :

— Les petites, venez m'aider !

Les jeunes chouettes étendent leurs ailes de velours pour transporter l'écureuil dans le moulin poussiéreux où elles le frictionnent.

— Merci, dit Gentil l'écureuil. Je vais mieux maintenant. Je peux rentrer.

— Je t'accompagne, décide la chouette.

Gentil arrive avec la chouette, suivi de tous les oiseaux partis à sa recherche.

— Ah ! enfin, disent les oiseaux ! Si tu savais comme nous avons eu peur !

— Où est Pic-Poc ? demande l'écureuil.

— Il te cherche sur les chemins malgré la tempête.

Enfin, encapuchonné de neige, Pic-Poc rentre et s'écrie :

— Ah, mon ami, te voilà tout de même ! Comme je suis heureux !

Gentil se chauffe devant les hautes flammes et regarde la chouette :

— Vous ne pouvez pas repartir par ce temps, dit-il.

— Alors, proposent les oiseaux, nous allons chanter toute la nuit car c'est bientôt le printemps dans la forêt.

C'était si gai, si joyeux ce concert dans la maisonnette de l'amitié qu'un instant les étoiles filantes se sont arrêtées pour mieux écouter, semble-t-il.

Monsieur Julius le coq

Monsieur Julius le coq est très fier ! Il bombe avantageusement le jabot. Monsieur Julius le coq va être père ! Père de dizaines de gentils poussins duveteux car toutes les poules du poulailler couvent. Les nids sont pleins d'œufs et Julius ne se sent plus de joie et d'orgueil. Sans aucun doute, la fermière sera ravie et lui donnera quelques friandises supplémentaires. Il se voit déjà régnant en maître sur une foule de poulettes qui, à leur tour, pondront des œufs qui... Cette nombreuse descendance remplira l'escarcelle du fermier lorsqu'il ira la vendre à la foire du village. Quel avenir enchanteur !

Julius est impatient de mettre ses amis au courant de son histoire et de ses projets. Il parcourt la campagne en tous sens, s'échauffe, affabule, invente quelques détails devant les autres coqs qui l'écoutent, ébahis, un peu envieux d'une telle fortune. Sa crête devient cramoisie et tremble comme de la gelée, ses yeux étincèlent et son plumage se gonfle; il a vraiment fière allure.

Bientôt, plus aucun poulailler des environs n'ignore la fabuleuse aventure de Julius. Tout le monde est aussi impatient que lui.

Ce matin, la basse-cour est en effervescence : gloussements affolés, piaillements aigus se mêlent en un vacarme étourdissant. Le moment est venu pour les poussins de sortir de leur coquille; Julius préfère attendre que tout soit terminé pour faire une entrée triomphale parmi les mères apaisées et les enfants endormis sous leurs ailes protectrices.

Après quelques minutes d'attente angoissée, il se prépare, lisse une ultime fois son plumage éclatant, dresse ses ergots et pénètre d'un air conquérant dans la bâtisse qui abrite les nids.

Horreur ! Désespoir ! Julius découvre ses rejetons. Que s'est-il passé? Il est anéanti et ces idiotes de poules paraissent ne s'apercevoir de rien !

Parmi quelques petites boules jaune d'or, en qui il reconnaît ses enfants, se trouvent d'affreux volatiles au bec plat et aux pattes palmées, d'autres aux pattes rachitiques et aux cris perçants... Julius, qui ne comprend pas que la fermière a glissé des œufs de cane, de dinde et de pintade sous les poulettes, va se réfugier tout penaud, au fin fond du jardin, sous le rire moqueur de ses amis. Ces derniers ne sont pas fâchés de cette petite leçon.

Une belle amitié

Renardet est un petit renard malicieux et Roussette est une petite poule rousse, gentille et serviable.

Renardet vit dans le bois, Roussette, dans le poulailler de la ferme qui est à l'entrée du bois. Renardet et Roussette doivent se rencontrer.

Un beau matin, la maman de Renardet lui dit :

— Cherche ta nourriture et sache que les poules sont excellentes.

Ce n'est pas aisé pour Renardet, car Roussette veille sur ses compagnes.

Le petit renard s'enfuit tout penaud et recommence la nuit d'après.

Hélas ! Les poules crient et se défendent, laissant Renardet sur sa faim qui va en s'accroissant.

Roussette le console, lui apprend à manger des œufs et à se nourrir facilement, sans tuer.

— La pâtée est délicieuse, dit-elle, partage notre repas.

C'est une bonne idée. Renardet est très heureux et Roussette chante.

Carolin le caneton

Coin ! Coin ! cancane le jeune canard sous la pluie battante.

Carolin est content comme toutes les fois qu'il pleut. Il barbote dans un ruisselet qui serpente vers la rivière.

Soudain, ses petits yeux noirs et ronds comme des pastilles de cachou se ferment à demi. Sa queue, agrémentée de trois frisettes, s'agite, son bec articulé comme une pince à linge nasille :

« Carolin, c'est le moment ou jamais d'apprendre à nager ! »

Et notre caneton, toujours en quête d'aventures, suit le petit filet d'eau...

A pas de géant il traverse le jardin. C'est alors qu'il entend :

— Où vas-tu Carolin ?

Le petit canard reconnaît la voix de Bombus le gros bourdon doré.

— Naviguer ! répond-il.

— Quelle imprudence ! bourdonne Vespa, la guêpe, qui fait provision d'eau de pluie.

Mais Carolin n'a qu'une idée en tête : faire trempette dans la rivière. C'est à peine s'il reconnaît Jean-Lapin qui regagne son terrier en courant.

— Retourne à la ferme ! lui crie le rongeur au passage.

— Imprudent caneton ! grogne Pouf le goret, le groin humide de vase.

Près de la rive Carolin rencontre Trimardeau : le castor répare sa hutte.

— Où vas-tu ? lui demande le rongeur.

— Faire trempette !

Et plouf ! Carolin plonge, exécute une culbute, agite ses ailerons tout comme un vieux canard entraîné. Puis c'est la catastrophe ! Une branche qui dérive avec le courant l'emporte comme une plume vers le moulin.

Trimardeau qui assiste au naufrage de son ami, agite ses longues moustaches comme un garde-champêtre en colère puis se jette à l'eau. Il rejoint le caneton et le pousse avec son nez vers la berge. Ouf ! sauvé !...

Alors Carolin ouvre un œil : « Merci ! » dit-il.

Vladimir le gourmand

— Quelle étourderie ! murmure Vladimir le hérisson en apercevant un objet abandonné sur la première marche de l'escalier qui mène à la maison.

Il s'approche en trottinant, les piquants couchés et le museau pointu, humant l'air chaud de l'été. Une agréable odeur sucrée lui chatouille les narines et il se félicite de la négligence de sa petite amie : elle a l'habitude de délaisser ainsi des friandises dont il se délecte.

— Mais... on dirait de la glace ?

En effet, c'est de la glace ; Vladimir en a déjà goûté mais elle était rose, orange ou chocolat. Celle-ci est... verte, d'un beau vert clair rafraîchissant.

Le petit museau curieux renifle frénétiquement : c'est bien un esquimau mais, vraiment, quelle drôle de couleur !

Vladimir réfléchit longuement avant de prendre le bâton de glace. Doucement, il le traîne dans le jardin, en plein soleil. Certainement, cette couleur inhabituelle vient d'un manque de maturité et il est persuadé que la petite l'a laissé à cet endroit pour le faire mûrir.

Le petit hérisson commence à s'impatienter car il a très chaud, une éternité semble s'être écoulée et la glace est toujours aussi verte.

Il décide de rendre visite à ses amis en attendant que les chauds rayons du soleil fassent rougir la récalcitrante.

Chemin faisant, il se délecte à l'avance, se pourlèche les babines ; ses yeux s'arrondissent de plaisir, son nez frémit avec délices et il ne peut s'empêcher de sautiller, et de siffloter allègrement.

Tous les animaux de la basse-cour sont maintenant au courant de sa découverte.

Ils envient Vladimir car ils n'ont jamais vu, ni mangé, de telles douceurs ; la quotidienne ration de céréales est bien appétissante mais un petit extra serait le bienvenu ! Vladimir a bon cœur et invite ses compagnons à participer aux agapes.

— Venez, mes amis ! Vous verrez, il n'y a rien de plus délectable, je vous le promets.

Toute la troupe se met joyeusement en marche, guidée par Vladimir très fier de lui.

Caquetages et gloussements retentissent dans la campagne et chacun se réjouit du futur festin. C'est certain, l'on va se régaler !

Catastrophe ! l'assemblée s'arrête brusquement, ébahie, devant... un bâtonnet de bois blanc.

Anéanti, Vladimir réalise avec tristesse que la glace a fondu.

Tous s'en retournent, dépités, et le petit hérisson se jure bien qu'à l'avenir, il profitera sans tarder de ses trouvailles.

Les roses du bonheur

Plic et Ploc, les deux petits chiens roux à longs poils regardent le jardin.
— Tu as vu, dit Plic, le jardin est couvert de sucre en poudre.
— Et il tombe des plumes blanches, répond Ploc.
— Le sucre en poudre n'a pas de goût, reprend Plic.
— Les plumes blanches sont froides pour nos pattes, ajoute Ploc.
— Il nous faudrait des chaussures chaudes, décide Plic.
— Allons acheter des après-ski pour chiens, propose Ploc.

Les deux petits chiens roux à longs poils se préparent à sortir. Plic boutonne son manteau de laine rouge, Ploc son manteau de laine bleue. Dans le fond de leur poche, ils fourrent leurs économies.

Ils sautent dans la neige froide. Ils se dressent au guichet :
— Deux billets aller et retour pour Paris, demandent-ils.

Hop ! ils montent dans le train de banlieue. Ils descendent à la gare Saint-Lazare. Ils courent et enfin arrivent à la boutique pour chiens dans un beau quartier.

Ils entrent. On les reconnaît tout de suite.

— Que désirez-vous, Plic et Ploc ?

— D'abord un bain, répondent-ils ensemble.

— Si vous voulez bien monter...

Hop et toc, voici Plic étendu dans une baignoire rose, sous une mousse rose, et Ploc dans une baignoire bleue, sous une mousse bleue.

Ils se laissent frictionner avec délices. Comme ils ont chaud ! Cela semble bon !

Puis, frottés, séchés, lustrés, les petits chiens s'installent dans les fauteuils du coiffeur pour chiens.

— Que désirez-vous ? demande le chien-coiffeur.

— Ma frange à refriser, répond Plic en souriant dans la glace.

— Et pour vous ? interroge le coiffeur.

— Pour moi, dit Ploc, coupez un peu ma frange. Elle cache mes yeux.

— Une friction ? propose le coiffeur. Quel parfum préférez-vous ? Lavande ? Héliotrope ? Jasmin ? Muguet ?

— Pour moi, dit Plic, faites un mélange des quatre flacons, cela me conviendra très bien.

— Pour moi, répond Ploc, je préfère un parfum différent sur chaque patte, s'il vous plaît.

Les deux petits chiens aux longs poils roux tout parfumés admirent les colliers dorés, les manteaux doublés de lapin ou de laine frisée et les rubans de toutes les couleurs.

Ensuite, ils vont acheter des après-ski. Ils ont envie de tant de choses !

— Nous choisirons ceux-ci, qui semblent bien confortables.

— J'en vends beaucoup en ce moment, dit le marchand.

Plic et Ploc enfoncent avec plaisir leurs pattes dans les belles chaussures fourrées.

Plic lace avec soin ses grands lacets rouges.

Ploc lace avec application ses longs lacets bleus.

Ils admirent devant la glace les chaussures neuves.

— Nous sommes enchantés, dit Plic.

— Notre gentille maîtresse vous paiera la note, ajoute Ploc.

— Ce n'est pas pressé du tout, répond le marchand qui ouvre la porte.

Plic et Ploc regardent dans la neige blanche les traces laissées par les quatre paires de chaussures qui font huit petits trous ronds.

Ils ont chaud. Ils sont contents.

Mais il leur manque encore quelque chose.

Ils entrent dans le plus beau magasin de fleurs.

— Que désirez-vous ? demande la vendeuse.

— Nous voulons des roses du bonheur.

— Des roses du bonheur, ça n'existe pas.

Attristés, Plic et Ploc regardent autour d'eux. Dans les jarres s'élèvent de merveilleuses fleurs qui brillent de lumière.

— Voulez-vous des roses de Noël ? demande la marchande.

— Des roses de Noël, interrogent les petits chiens roux en se grattant le museau, des roses qui poussent en hiver ? Notre petite maîtresse ne connaît pas l'hiver, car nous vivions avec elle dans les pays chauds.

— Les roses de Noël lui feront connaître l'hiver, dit la vendeuse.

Regardez comme elles sont belles. Elles ont de jolis pétales d'un vert tendre comme les jeunes pousses au printemps. Ils sont teintés de rose comme le ciel les matins d'été. Et tous les pétales sont lumineux comme les forêts d'automne.

— Est-ce que ces roses rendent heureux? Nous voulons des roses du bonheur pour notre petite maîtresse parce que nous l'aimons.

— Tout ce qui est offert avec joie rend heureux, répond la marchande.

Ravis, les pieds au chaud, les deux petits chiens reprennent le train, le cœur en fête car ils rapportent à leur gentille maîtresse les roses du bonheur.

Voici la gare. Hop ! sur le quai. Plic et Ploc marchent avec plaisir dans la neige tout fiers de leurs belles chaussures neuves.

Mais, comme la neige continue à tomber, les petits chiens enfoncent de plus en plus. Cela devient moins amusant.

Pourvu que leurs belles fleurs n'aient pas froid sous la neige! Plic et Ploc sont un peu inquiets.

Enfin, voici le jardin tout blanc. Comme il a changé! Il brille sous un rayon de soleil comme si mille diamants couvraient les arbres. Heureux, les petits chiens sautent vers leur gentille maîtresse et lui offrent avec joie les roses du bonheur.

Elle leur sourit et les serre tendrement dans ses bras.

Léo et l'aventure

C'est l'heure crépusculaire ; le soleil, moins ardent, rosit l'azur et la nuit tropicale va plonger brusquement la savane dans l'obscurité.

Les animaux, repus, viennent boire ensemble. Chasseurs et victimes se côtoient en paix.

Léonne, la lionne, conduit son rejeton, Léo, pour la première fois à l'abreuvoir. Il traîne avec insouciance malgré les recommandations inquiètes de sa mère qui, assoiffée, se rue vers le liquide rafraîchissant qu'elle lampe avec avidité, oubliant de surveiller son petit diable.

Le fleuve est bas, Léo saute sur les bancs de sable qui affleurent, puis sur de gros rochers lisses. Il s'éloigne insensiblement de la berge et s'immobilise sur une roche bien ronde qui, qui... se met à bouger au grand effroi de notre aventurier. Bibendum, l'hippopotame, termine sa sieste et regagne la terre ferme. Un dernier petit bain avant de retrouver la rive ? Il se roule avec délices dans l'onde paisible, sourd aux hurlements de terreur de Léo qui, pour ne pas être écrasé par l'énorme masse, se jette à l'eau... Il ne sait pas nager, se débat... s'étrangle de peur avant de s'apercevoir, dépité, qu'il a pied... Il a eu si peur qu'il fond en larmes.

— C'est toi, moucheron ? s'étonne Bibendum furieux. Prends-tu mon dos pour une pirogue ? Tes griffes ont labouré ma peau, tes cris ont percé mes oreilles... Ne pleure pas ainsi, j'ai une grosse voix mais ne suis pas méchant. Viens, je vais te ramener près de ta maman qui doit s'inquiéter.

Notre lionceau reprend le chemin inverse, cette fois-ci fièrement campé sur le dos de son nouvel ami. Il a déjà oublié son aventure et ses malheurs et ne pense qu'à son retour triomphal au milieu des vivats des spectateurs qui ont assisté, haletants, à ses exploits.

Cigalounette au Canada

Sous le soleil de Provence, Cigalounette chante de son étrange voix.

Mais il fait si chaud qu'elle a soudain très soif ; elle quitte son arbre et vole se désaltérer à la fontaine ronde du petit village endormi.

Les volets de chaque maison sont mi-clos car les gens font la sieste.

Pas tous cependant ; en effet, un homme dans une boutique, parle d'un agréable pays : le Canada.

— Ce doit être frais et beau, pense Cigalounette enthousiasmée, je veux aller au Canada.

Elle demande aussitôt conseil à son amie Cigalette.

— Tu auras trop froid là-bas, dit Cigalette raisonnable, tu ne supporteras pas le climat.

Mais Cigalounette est têtue et comme elle a décidé de partir, elle fera ce voyage. Elle le dit tout net à son amie.

Cigalette, résignée, lui fait cadeau d'un châle de laine et de chaussons fourrés qu'elle a tricotés en hâte.

— Tu en auras besoin, dit-elle gentiment.

Cigalounette remercie son amie et vole jusqu'à l'aéroport où elle aperçoit à la consigne, la valise d'un bûcheron.

— Quelle chance ! pense la petite cigale en se glissant dedans.

Et maintenant, la grande aventure commence pour elle.

Dans l'avion Cigalounette est victime du mal de l'air, mais elle se dit que bientôt elle verra la belle forêt du Canada.

Et cela lui donne le courage de passer ce mauvais moment.

La valise du bûcheron ouverte, Cigalounette se dépêche de s'envoler et se retrouve, émerveillée, dans la forêt.

Le premier animal qu'elle aperçoit, à peine une patte dehors, est un joli écureuil qui mange un gland.

— Quelle étrange bestiole ! se dit-il en lâchant le gland de stupeur.

Et il va prévenir les castors ses amis qui construisent un barrage.

La nouvelle se propage rapidement de bouche à oreille, de bec à museau.

Au bout d'une heure, très joyeuse et très satisfaite, Cigalounette répond à toutes les questions que certains animaux lui posent et la journée s'écoule bien vite.

Le soir, Cigalounette pose son châle sur ses épaules ; elle n'a pas chaud.

Les autres jours, elle s'amuse beaucoup et découvre la forêt.

Mais aux premiers vents de l'automne doré, Cigalounette attrape un bon rhume et la voilà au lit, fiévreuse.

Le petit-duc Titi la soigne avec dévouement, tandis qu'elle délire et réclame la chaleur à grands cris.

Les castors, émus, construisent un petit radeau et prient trois ratons-laveurs de la conduire jusqu'au port. Là, elle embarquera pour Marseille.

Dès qu'elle est guérie, Cigalounette remercie ses amis et promet de revenir l'été prochain.

— Le Canada est si beau !

— Nous te préparerons des vêtements, des chaussons et un bonnet, disent les animaux un peu tristes de la voir partir.

Cigalounette monte vivement sur le radeau et vogue vers le port.

En aura-t-elle des choses à raconter !

Blanchette la coquette

Tous les jours, de grand matin, la fermière conduit ses chèvres dans le pré pour paître.

Blanchette est la plus jolie et la plus gracieuse d'entre elles, mais elle est aussi coquette, curieuse et vaniteuse.

Or, Blanchette a remarqué que chaque samedi les deux petites filles de la fermière, Hortense et Hermine, s'en vont à la ville voisine, et qu'elles en reviennent souvent parées de charmants chapeaux, de robes élégantes et de toutes sortes de fantaisies exquises qui rendent les deux fillettes bien agréables à regarder.

La chevrette n'a jamais quitté la ferme et elle a une envie folle d'aller en ville pour se procurer, elle aussi, des vêtements à la dernière mode.

— Nul n'a jamais vu de chèvre vêtue avec élégance. Si j'allais en ville, j'en rapporterais des colifichets aussi beaux que ceux d'Hortense et d'Hermine, et je serais la reine de la ferme... on me complimentera, on m'admirera...

Alors, un beau matin, profitant de l'inattention des autres chèvres occupées à brouter, Blanchette s'évade hors du pré et galope jusqu'à la ville voisine.

La ville ! Quelle splendeur... et que de choses étourdissantes sont exposées dans les vitrines de ses magasins !

Étourdie, éblouie, Blanchette a cependant vite fait son choix. Avisant la porte restée entrouverte d'une boutique plus élégante que les autres, elle se faufile à pas feutrés sans être remarquée par la marchande, et saisissant avec délicatesse entre ses dents un chapeau fleuri, un boa en plumes et une pelerine de dentelle, elle s'enfuit bien vite.

Il y a un bois à la sortie de la ville. Blanchette s'y cache, se pare des merveilles qu'elle a dérobées et, se mirant dans l'eau claire d'une mare, elle minaude, se pavane et se sourit à elle-même, ravie.

Enfin, elle revient triomphalement à la ferme où ses amis, inquiets de son absence, l'attendent avec impatience.

Mais, dès qu'elle paraît, Hortense et Hermine se pincent les lèvres pour ne pas éclater de rire, et les garçons de ferme se moquent d'elle avec des grimaces ironiques. Quant aux autres chèvres, ne sachant que penser, elles restent silencieuses. Pauvre Blanchette, quelle déception !

Cependant, après un moment de stupéfaction, la fermière, furieuse, confisque en un tournemain chapeau, boa, pèlerine et déclare :

— Demain, j'irai restituer tout cela à la marchande de la ville que tu as si malhonnêtement dévalisée. Quant à toi, petite vaniteuse, tu n'as donc pas compris que cette mascarade ridicule ne convenait pas du tout à ton genre de beauté ? Eh bien, je vais te donner le temps d'y réfléchir.

Et, pour punir Blanchette, cric, crac ! La fermière l'enferme à double tour dans l'écurie de l'âne Martin.

Martin est un âne très raisonnable et très sage :

— Quelle sotte idée de vouloir imiter les humains quand on a la chance, comme toi, d'être belle ! lui dit Martin d'un ton grave et plein de reproche.

La trompe d'Ignace

Ignace est un joli éléphant, aux poils luisants, à la physionomie fort sympathique. Malheureusement, sa trompe est minuscule et notre petit ami en souffre cruellement. Aussi, se tient-il souvent à l'écart de ses frères, car, plutôt que de subir leurs moqueries, il préfère se promener seul. Ses compagnons sont les oiseaux qui, lorsqu'ils le voient passer, sifflent joyeusement : « Ignace ! voilà Ignace ! »

Un jour, alors qu'il s'approche du nid de ses amis Perlin, il entend des pleurs. Il s'informe aussitôt. Maman Perlin explique à travers ses larmes :

— Notre petit est tombé dans la rivière, il est impossible de le rattraper.

Ignace, aussitôt, se précipite ; le petit oiseau se débat dans l'eau claire. Il va couler... Alors, l'éléphant baisse la tête :

— Agrippe-toi à ma trompe, petit !

Tant bien que mal, l'oiseau se juche sur le perchoir improvisé et Ignace le ramène triomphalement au nid familial.

Désormais, Ignace n'a plus honte de sa trompe devenue célèbre et que le petit Perlin a choisie pour perchoir.

Plume et le loup

Il fait très froid. La neige tombe, le vent souffle avec rage au-dehors, dans la forêt et dans la plaine immense.

Les oiseaux transis ébouriffent leurs plumes, les animaux restent tranquillement dans leur terrier ou à l'abri.

Dans sa maison, près de la forêt, Plume chante à pleine gorge devant la cheminée où les flammes crépitent. Elle est heureuse car elle a chaud.

Elle prépare le repas du soir. Ça sent bon !

Pas très loin, un jeune loup rôde, affamé et grelottant. Cela fait plusieurs jours qu'il n'a rien mangé. Le loup sait pourtant que chez les hommes, il ne sera pas bien reçu. Tant pis !

Timidement d'abord, plus fort ensuite, il hurle devant la maison de petite Plume.

— Un loup ! se dit la fillette qui s'arrête de chanter aussitôt. Elle a un peu peur. Ses parents ne sont pas là. Que faire ?
— Hou ! hou ! hurle le loup.

— Il a l'air malheureux, pense Plume, et il n'est peut-être pas méchant.

Elle entrouvre la porte. Une rafale de vent en profite pour la pousser complètement.

Le loup bondit au milieu de la pièce. Il s'affale, exténué, devant le feu et ferme les yeux ; il est sans forces.

— Eh bien, dit Plume, tu n'as pas l'air en forme.

Elle lui donne à manger. Le loup ne demande pas mieux. Il dévore ; il se sent mieux, s'approche de l'enfant et lui lèche les mains avec reconnaissance et tendresse.

— Nous allons devenir de bons amis, dit Plume réjouie.

Elle n'a pas le courage de le remettre dehors, et lui offre sa petite chambre. Le loup s'installe sur le tapis moelleux et ne tarde pas à s'endormir profondément.

Dès cet instant, une nouvelle vie commence pour Plume et le loup.

Par les jours de beau temps où la neige brille, ils vont se promener.

Quand il fait mauvais, Plume apprend au loup à jouer aux dominos.

Au printemps, le loup repart chez les siens en promettant de revenir.

Miko le petit singe

Sur le vieux port, non loin des bateaux, se trouve une boutique où l'on vend toutes sortes d'animaux rapportés des pays exotiques par les marins : des oiseaux merveilleux, un fennec, des poissons aux formes étranges, un petit singe, d'autres encore.

Miko, le petit singe, enfermé dans sa cage, s'ennuie terriblement. Mais, ce soir, quand le vieux marchand est venu lui donner à manger, il a mal refermé la porte de la cage et, dès qu'il a tourné le dos, Miko s'enfuit.

En quelques bonds, Miko gagne une rue voisine, puis une autre et enfin arrive sur la place de la ville où se trouve un grand cirque, tout étincelant de lumières.

Dans la foule qui se presse devant le guichet du cirque, Miko, petit et fluet, se faufile sans être remarqué et, après être passé devant les cages et les écuries où sont entassés toutes sortes d'animaux sauvages, il va se blottir dans un coin de l'énorme tente.

Comme tout est beau ici... la musique, les lumières... les gens élégants...

Tout d'abord Miko admire les magnifiques chevaux dont les têtes se parent de splendides plumes, les éléphants chargés d'ornements scintillants, les chiens savants affublés de costumes multicolores, les fauves...

Miko se dit que cela doit être bien agréable d'être admiré et applaudi par des milliers de spectateurs ravis. Il pense aussi qu'il avait l'habitude de faire dans sa forêt natale des cabrioles bien plus extraordinaires que celles qu'il voit faire ici, et il lui vient l'envie de sauter sur la piste, de bondir jusqu'en haut du chapiteau, de danser, de se faire applaudir, d'être admiré, lui aussi...

Mais à mesure que le spectacle se déroule, il s'apercoit que toutes ces pauvres bêtes ont un air malheureux et craintif qui lui fait pitié et que souvent, leurs maîtres les cinglent de leurs fouets. Il se souvient aussi de ces cages, de ces écuries qu'il a aperçues tout à l'heure où les bêtes sont parquées dans une atmosphère chargée de poussière... « Pouah ! » pense Miko.

Soudain il prend son parti et, silencieux et agile, il gagne la sortie, déambule dans les rues désertées, arrive jusqu'au port, avise un bateau en partance pour l'Afrique, parvient à se cacher sur le pont. Demain, quand le bateau aura gagné le large, il viendra quêter de quoi manger auprès des matelots qui sont des braves gens. Et, dans huit ou quinze jours il sera de retour dans sa patrie, dans sa belle forêt sauvage... il sera libre, enfin !

Pourtant, Miko n'oubliera pas les gens du cirque et ses frères, les animaux africains, restés dans la ville.

Titou dans l'Ile Heureuse

Ce matin-là, Titou le petit pingouin décida de se laisser aller au gré des flots sur un énorme bloc de glace qui flottait lentement.

C'était l'arrivée du printemps et les pingouins, les lièvres des neiges et les perdrix s'en réjouissaient.

Donc, Titou, commodément installé, dérivait.

— Où va-t-il ? s'interrogeaient les lièvres des neiges, surpris.

— Pourquoi Titou se trouve-t-il sur ce bloc de glace ? se demandaient, ahuris, les grands rennes en agitant leurs bois.

Personne ne pouvait répondre à ces questions et Titou moins encore.

L'aventure était là, tout simplement.

La mer traînait loin le bloc de glace et la chaleur commençait à naître d'un soleil tout riant et chaud. La glace fondait doucement mais le petit pingouin ne s'en apercevait pas. Soudain, il en eut conscience en constatant que seuls ses pieds palmés reposaient sur l'appui flottant.

— Je dois me jeter à l'eau, se dit Titou, résolu.

Il sauta dans les flots mais se fatigua vite et chercha quelque chose à proximité qui pourrait le conduire vers une île aperçue au loin.

Un tronc de bois, emporté par le courant, fut un radeau improvisé.

Titou rama de toutes ses forces et arriva à l'île où se trouvaient d'énormes arbres, des fleurs, des oiseaux et des lapins.

Titou marcha dans l'île, au hasard.

— Quel étrange oiseau ! se disaient à voix basse les lapins entre eux.

Enfin, un pivert courageux demanda d'un ton aimable :

— Que fais-tu ici ?

— Je visite le monde, répondit Titou, mais je ne sais pas où je suis.

— Tu es dans l'Ile Heureuse, lui dit gentiment un paradisier.

— C'est très joli, approuva Titou.

Cependant, comme il avait très chaud, il demanda un peu de glace.

Les lapins ouvrirent de grands yeux, agitèrent leurs oreilles, navrés.

— Nous ne savons pas ce que c'est.

— Tant pis, dit Titou résigné, peut-être pourriez-vous m'éventer ?

Il n'en pouvait plus, s'épongeait la tête à l'aide d'un mouchoir.

Les lapins firent un éventail composé de grandes feuilles et éventèrent, à tour de rôle, le petit pingouin.

Puis ils lui offrirent des œufs, des bananes et des carottes.

Hélas ! Titou n'apprécia pas.

— Je n'aime que le poisson, dit-il, un peu confus.

Malheureusement les poissons qui se trouvaient dans cette mer, n'étaient pas à son goût, et le petit pingouin songea à repartir.

Les lapins étaient désolés.

— Nous pourrions aller chercher tout ce que tu désires.

— Ce n'est pas la peine, répliqua le pingouin, je ne me sentirai réellement bien que chez moi. La chaleur me fatigue beaucoup trop.

Le fait est qu'il se traînait.

Les lapins lui construisirent un radeau en feuilles de palmiers et fixèrent d'énormes feuilles de bananiers qui se gonflèrent au vent, comme des voiles.

— Bon voyage ! dirent les lapins.

— Merci à tous, répondit Titou, ému.

Le vent fut favorable et poussa bien vite le radeau, au point que Titou arriva rapidement à destination.

— Te voilà, d'où viens-tu ? s'inquiétèrent les perdrix des neiges.

Elles l'entouraient, n'en croyant pas leurs yeux. Les lièvres, les rennes et les pingouins ses frères s'approchaient.

— Je meurs de faim, avoua Titou.

Il avala quelques poissons d'un seul trait, puis raconta son aventure.

Les lièvres affirmèrent en remuant leurs longues oreilles :

— C'est un merveilleux voyage !

— J'en conviens, admit Titou, mais je suis très heureux d'être revenu.

Et il décida d'organiser un bal pour fêter son retour.

Le village des petits lapins

Lapin-Lapinot, le petit lapin de garenne qui vit dans les dunes, folâtre la nuit au clair de lune sous le ciel étoilé.

Un jour, il saute hors de son terrier pour aller chercher du trèfle et du serpolet. Il dit bonjour aux mouettes et au ciel bleu.

Lapin-Lapinot est le plus heureux des petits lapins de garenne qui jouent sur la dune ensoleillée.

Ils nichent au fond de leur trou de sable.

Quelles bonnes courses autour des chardons bleus !

Mais le grand vent d'automne arrive sur les roseaux qui frissonnent et voici les nouveaux chasseurs avec leurs chiens frétillants.

— Attention ! Lapin-Lapinot ! recommande maman Lapin, attention, ne sors plus le jour car le chien te verra et le chasseur te visera !

Mais Lapin-Lapinot veut respirer l'odeur du serpolet et grignoter les dernières carottes dans les champs près du marais.

Alors, Lapin-Lapinot a une idée.

— Je vais me faire une petite maison

à moi, à moi tout seul, comme les chasseurs et les chiens n'en ont jamais vue.

Dans un coin, Lapin-Lapinot découvre un seau en plastique bleu un peu abîmé. Il le fait rouler au bas de la dune et le suit gaiement.

Il le pose au creux de la dune derrière les gros chardons pourpres, face à la mer.

Quelle ravissante petite maison !

— Venez tous voir, mes amis, ma jolie petite maison !

Lapin-Lapinot fait ses provisions de thym, de romarin, de trèfle et de serpolet, et, au petit matin, hop, il rentre dans sa maison bleue et regarde par la fenêtre les chasseurs et les chiens...

Les chasseurs aux grandes bottes et les chiens aux longues oreilles cherchent au bord de la dune. Puis les chiens s'élancent en aboyant vers les trous des lapins, tournent autour, sautent et essaient de se glisser dedans.

— Cherchez, cherchez, crient les chasseurs. Allez, cherchez bien ! Il faut les trouver !

Les chiens grattent et parfois pénètrent dans le terrier mais les lapins sont ailleurs.

Où sont-ils donc ?

Les chasseurs sont furieux !...

Et que voit-on un beau jour sur la dune fleurie ?

Un village de petits lapins sous leurs seaux jaunes, bleus et orange parmi les chardons et les herbes folles.

Ce sont les amis de Lapin-Lapinot qui l'ont rejoint.

Au Bois Joli

Au fond du Bois Joli, les grands arbres abritent la maisonnette du petit vieux et de la petite vieille.

Les oiseaux chantent au printemps quand le petit vieux bêche son jardin.

La petite vieille sème contre la chaumière les graines fines pour faire éclore des fleurs éclatantes au soleil.

Le petit vieux et la petite vieille récoltent au jardin les fruits et les légumes. Ils préparent ensemble leurs conserves de petits pois, de haricots et de tomates.

Dans la fraîcheur du matin, le petit vieux déniche les champignons les plus tendres et les fait sécher pour l'hiver.

Toute la journée, la petite vieille cueille patiemment des fraises, des framboises sauvages, des mûres et des myrtilles.

Le petit vieux fait des provisions de noisettes, de châtaignes et de noix.

Pendant des journées entières, la petite vieille cuit les confitures dans son chaudron de cuivre et remplit les

pots de belle gelée rouge et noire.

— On se régalera bien cet hiver, pense-t-elle.

Le petit vieux coupe des branches, scie les gros rondins et fend à la hache les bûches de hêtre qu'il entasse sous le hangar.

— Quelles belles flambées nous aurons ! dit-il en épongeant son front mouillé de sueur.

L'hiver vient avec ses rafales de vent froid.

La neige glacée recouvre tous les sentiers.

Il fait bon près du feu pour le petit vieux et la petite vieille !

Mais on frappe à la porte.

— Entrez, entrez donc, dit le petit vieux.

— Venez vous chauffer avec nous, dit la petite vieille.

Le hérisson entre, suivi des écureuils, du renard et des lapins.

Les oiseaux se perchent sur les branches des fagots et chantent.

La chouette s'installe sur la cheminée.

Comme ils sont bien là, tous ensemble et que la maisonnette du Bois Joli est gaie maintenant !...

Le feu pétille de joie dans la cheminée.

Qu'il fait bon vivre !

Mais, un jour où ils sont restés longtemps dehors pour rentrer du bois, le petit vieux et la petite vieille ont pris froid.

Ils toussent et ont de la fièvre.

— Pas question de vous lever, dit le renard, nous allons vous soigner.

Les lapins préparent des tisanes de verveine et de romarin.

Le renard et le hérisson scient des bûches et surveillent le feu.

La chouette et tous les oiseaux du bois se posent sur le lit pour former une chaude couverture de plumes douces. Une couverture d'amitié. Une couverture qui chante. Quelle merveille !

Aussi, un jour, le petit vieux et la petite vieille peuvent se lever. Ils s'assoient près du feu. Ils racontent des histoires et ils écoutent ce que disent les bêtes de la forêt tout au long des grandes soirées d'hiver.

Et puis, un matin clair, le printemps accroche des bourgeons de duvet gris et jaune aux branches des saules. Le soleil filtre entre les branches.

Le petit vieux et la petite vieille font un petit tour dans le jardin qui s'éveille, puis ils vont se promener dans le bois avec leurs amis.

Les oiseaux préparent leurs nids. Ils chantent joyeusement sur les branches des bouleaux et s'élancent vers le ciel...

Bébé tigre s'est échappé

Comme il est beau le petit tigre tapi entre les pattes de sa maman ! Il lève vers elle son petit museau plein de tendre confiance ; puis, il s'étire, en souplesse.

Il est l'orgueil de sa mère, Kitty. Il est bien rayé, et très joyeux !

M. et Mme Ducourt, les maîtres des deux fauves, ont séjourné dans le sud de l'Asie, où Mme Ducourt a adopté Kitty qu'elle a nourrie au biberon lorsqu'elle était bébé. Au moment de rentrer en France, elle n'avait pu se résoudre à abandonner cette gentille tigresse qui la suivait, comme un gros chat, dans tous ses déplacements.

Son mari avait cédé. Après tout, leur propriété était assez vaste pour que Kitty puisse s'y ébattre en paix ; on ferait construire de hauts murs alentour et, de toute façon, avec Kitty qui accourait comme un chien à l'appel de sa maîtresse, les dangers de fuite se trouvaient exclus.

Kitty s'était tout de suite adaptée à sa nouvelle vie; elle prenait plaisir à

flâner auprès du ruisseau et à surveiller les premiers pas de son petit Gibus, né peu de temps après leur installation en France.

Comme on était heureux dans la grande maison blanche ! Cependant, au village, les langues marchaient bon train. On parlait beaucoup trop de ces « mangeurs d'hommes » qu'abritait la propriété. Le facteur, lorsqu'il apportait le courrier, tremblait de tous ses membres. C'est qu'il avait vu les ombres des grands fauves se profiler entre les arbres !

Un matin, un drame se joua chez les Ducourt : Kitty geignait et appelait, semble-t-il, sa maîtresse au secours. Son petit avait disparu dans la nuit, et il demeurait introuvable malgré ses longues recherches.

La maison se trouva sens dessus-dessous, en un clin d'œil. On appela le bébé tigre. Quelle tragédie s'il s'était enfui jusqu'au village !

Les paysans, prévenus par on ne sait qui, se regroupèrent et mirent au point un conseil de guerre : ils avaient apporté leurs fourches, et l'air décidé, voulaient chasser le fauve.

Arrivés près de la maison, ils n'hésitèrent pas à hurler :

— A mort, le tigre, à mort !

La pauvre Kitty, apeurée, se mit à trembler de tous ses membres. Mme Ducourt la caressa et essaya de la tranquilliser.

Pauvre Kitty qui ne ferait pas de mal à une mouche !... Infortuné Gibus, qui commençait tout juste à marcher !...

Échauffés, les paysans s'écriaient :

— Laissez-nous le tigre ! Livrez-le nous !

— Nous allons brûler la maison si nous ne le capturons pas !

Mme Ducourt prit son visage dans ses mains et se mit à pleurer. M. Ducourt sentit la colère l'envahir. Il parlementa avec les paysans qui, tout d'abord, se montrèrent difficiles à convaincre. Alors, M. Ducourt agit différemment : il énuméra tour à tour les services que lui et sa famille avaient rendus aux habitants du village, et parla de ceux qu'ils pourraient continuer à donner, lui et sa femme, si on les laissait en paix.

Les paysans baissèrent la tête, mais, têtus, convinrent d'un moyen terme :

— Nous vous donnons jusqu'à ce soir pour retrouver votre fauve. Mais, ensuite, nous nous en chargerons ! Nous ne voulons pas que ce « mangeur d'hommes » s'en prenne à nos enfants et à nos femmes...

— Nos tigres sont parfaitement inoffensifs, s'écria Mme Ducourt, se mêlant pour la première fois à la conversation. Kitty vient manger dans ma main, et celui qui a disparu n'est encore qu'un bébé !

Ébranlés, les paysans s'en allèrent ; et, chez les Ducourt, les recherches reprirent...

A la nuit noire, on retrouva Gibus. Il s'était perché au sommet d'un arbre, et ne savait pas en redescendre !... M. Ducourt en a été quitte pour le tirer de cette fâcheuse position à l'aide d'une échelle.

La fête du Gorge-Bleue

Pour la fête du Gorge-Bleue, tous les oiseaux ont décidé de lui apporter des cadeaux extraordinaires et chacun cherche ce qui lui plairait.

Les tisserins tissent un ravissant tapis de paille et de mousse, les alouettes préparent une galette de blé au miel doré des abeilles, les pinsons et les merles décorent sa maison. Ils mettent des fleurs partout.

Les bouvreuils préparent une salade de fruits divers ; la pie a tricoté un chandail. Bref, tous les oiseaux ont trouvé le cadeau idéal... Tous, sauf les petites mésanges. Elles sont dépourvues d'imagination.

— Les jours passent, que faire ? se lamentent-elles.

Elles lèvent vers le ciel leurs petites têtes chagrines. Un orage éclate. La pluie ruisselle, les animaux se sont cachés. Que d'éclairs !

Lorsque c'est fini, un arc-en-ciel étale son écharpe au-dessus des bois.

— Prenons un petit morceau de son étoffe, dit une adorable mésange. Nous coudrons vite un habit pour joli Gorge-Bleue.

Les oiseaux s'élancent rapidement vers l'arc-en-ciel majestueux qui donne tout de suite un peu de sa belle étoffe.

Les mésanges remercient, ravies, et cousent un bel habit.

Le Gorge-Bleue ne peut croire à tant de chance ! Il se trouve très beau, ainsi vêtu et remercie tous ses gentils amis.

Que de rires !
Que de chants !
Que de danses !

Le cheval d'Olivier

— Vite, dépêche-toi, petit cheval roux ! C'est ton tour de courir. J'ai déjà enfilé mon bel habit vert de jockey. Presse-toi, voyons ! dit Olivier.

— Non, répond le petit cheval roux : c'est impossible !

— Pourquoi ? pourquoi donc ? demande Olivier.

— J'ai perdu mes lunettes ! dit le petit cheval roux.

— Attends, crie l'âne gris. Olivier, monte sur mon dos et nous allons vite les retrouver.

L'âne court dans le pré. Hi ! Han ! Hi ! Han !

Il entre dans l'étable.

— Pourquoi cries-tu ainsi ? dit la vache. Tu vas réveiller mon petit veau qui fait la sieste !

— Où sont les lunettes du petit cheval roux ? demande Olivier.

La vache regarde dans la paille fraîche de l'étable et dans les coins sombres.

— Non, dit-elle, pas de lunettes dans l'étable. Va voir ailleurs.

L'âne court vers l'écurie. Hi ! Han ! Hi ! Han !

— Pourquoi cries-tu ainsi ? dit le cheval. Tu vas réveiller les jeunes poulains qui font la sieste !

— Où sont les lunettes du petit cheval roux ? demande Olivier.

Le cheval regarde dans sa mangeoire et sous les toiles d'araignées.

— Non, dit-il, pas de lunettes dans l'écurie. Va voir ailleurs.

L'âne court vers la porcherie. Hi ! Han !

— Pourquoi cries-tu comme ça ? grogne le cochon rose. Tu vas réveiller mes porcelets qui font la sieste !

— Où sont les lunettes du petit cheval roux ? demande Olivier.

Le cochon regarde sous les porcelets endormis.

— Non, dit-il, pas de lunettes ici.

L'âne court vers le poulailler. Hi ! Han ! Hi ! Han ! Hi ! Han !

— Pourquoi cries-tu ainsi ? disent les poules. Tu vas réveiller nos poussins qui font la sieste !

— Où sont les lunettes du petit cheval roux ? demande Olivier.

Les poules regardent dans les nids et poussent les œufs ou les poussins endormis.

— Non, disent-elles, pas de lunettes dans le

poulailler. Nous avons cherché partout.

L'âne court vers le clapier. Hi ! Han ! Hi ! Han !

— Pourquoi cries-tu si fort ? disent les lapins. Tu vas réveiller nos lapereaux qui dorment.

— Où sont les lunettes du petit cheval roux ? demande Olivier.

Les lapins soulèvent leur litière et regardent sous les trèfles roses et sous les grandes feuilles de chou.

— Non, disent-ils, pas de lunettes dans le clapier.

L'âne court vers la mare. Hi ! Han ! Hi ! Han !

— Pourquoi cries-tu si fort ? crient les canards. Tu vas effrayer nos canetons qui prennent leur leçon de natation !

— Où sont les lunettes du petit cheval roux ? demande Olivier.

Les canards regardent dans les joncs et fouillent la vase.

— Non, disent-ils, pas de lunettes ici.

La grenouille verte qui dormait sur la feuille d'un nénuphar ouvre ses yeux d'or.

Plouf ! Elle saute au fond de l'eau.

Enfin, elle remonte et dit :

— Voici les lunettes du petit cheval roux !

Aussitôt, l'âne court vers le champ de course. Hi ! Han ! Hi ! Han !

— Voici tes lunettes ! crie Olivier joyeux.

Le petit cheval roux est bien content.

Olivier, le jockey en habit vert, saute sur le dos de son cheval et hop, et hop, ils arrivent sur la piste.

Déjà, les autres chevaux galopent pour s'entraîner et se dégourdir les pattes.

— En piste, messieurs les jockeys, en piste !

Mais les jeunes chevaux folâtrent à droite et à gauche. Ils ne sont pas pressés : c'est si agréable de bondir dans le vent !

— Allez, viens, mon petit cheval roux, dit Olivier en le caressant. Viens, il faut s'aligner.

Ça y est. Les chevaux impatients sont prêts.

Les jockeys les retiennent par la bride.

— Un... Deux... Trois... Partez !

Le petit cheval roux part le dernier...

Il galope ! Il galope !

Ah ! Il rattrape un cheval, puis un autre et un autre encore !

— Bravo ! petit cheval roux ! dit Olivier en l'embrassant. Tu as bien couru. Nous ne sommes pas arrivés les premiers mais cela n'a pas d'importance. Tu as galopé avec ardeur et nous nous sommes bien amusés.

— Merci, mes amis, merci, crie le petit cheval roux à tous ses amis de la ferme, venus le regarder et l'applaudir.

Voici comment le petit cheval roux qui a retrouvé ses lunettes a bien couru avec son ami Olivier, le jockey en habit vert.

Les prétendants

Jorindel, le cerf, se sent bien vieux. Il peut à peine marcher et ses lourds bois lui pèsent. Il voudrait, avant de disparaître, assister au mariage de sa fille, Yasmine, une gracieuse biche. Il annonce cette nouvelle aux habitants des sous-bois.

Aussitôt, Roberto, le plus grand des cerfs, dit :

— Ta fille me convient. C'est la plus jolie des jeunes biches. Je la prends.

Jorindel refuse. La beauté ne lui semblant pas une raison suffisante pour choisir une épouse.

Hervé s'approche, doucereux, mielleux :

— Petite Yasmine, ton père se meurt. Il est trop vieux pour songer encore à te nourrir. Je veux bien moi, t'épouser.

Jorindel se lève d'un bond, et furieux, s'écrie :

— Tant que je vivrai, ma fille ne manquera de rien.

Quant à toi, je suis encore assez fort pour te jeter dehors !

Mathias, lourd et fougueux, se propose. Yasmine paraissait robuste et avec elle, on pouvait espérer avoir de beaux petits cerfs. Mais cela ne put convaincre le père. C'est alors que le petit Victor, qui était resté un peu à l'écart, dit timidement :

— Yasmine est si douce, si jolie, qu'elle peut prétendre à beaucoup mieux que moi. Pourtant, si elle voulait bien me suivre, je lui préparerais un lit de mousse bien fraîche, abrité du vent. Je lui composerais de bons repas avec les aliments qu'elle préfère. Mes frères l'adopteraient bien vite. Elle est si mignonne !

Voyant que sa petite biche souriait, Jorindel s'écrie :

— Je pense que tu feras un bon mari, Victor. Allez, mes enfants, et soyez heureux !

Puis, il les regarde partir avec attendrissement, côte à côte, Victor repoussant les branchages qui auraient pu gêner la marche de la gracieuse Yasmine.

Poucette la petite souris

Poucette la petite souris et Chouquette la chatte blanche étaient devenues d'inséparables amies. Chouquette avait une petite maîtresse Lili qu'elle aimait beaucoup. Elle passait de longs moments sur ses genoux à se faire caresser, ce qui faisait bisquer Barnabé le chien, arrivé avant elle !

Barnabé n'était pas méchant, mais devenait jaloux et se vengeait en poursuivant la chatte et en dévorant sa soupe.

Lorsqu'il aperçut pour la première fois, nos amies ensemble, il en resta figé, mais se reprenant, il leur fit une poursuite folle. Elles entrèrent se réfugier dans la réserve de l'épicier voisin et à partir de ce jour, y multiplièrent les visites.

L'épicier, fort en colère après son paresseux matou, l'enferma dans sa réserve !

— Rien n'est perdu, fit Chouquette. Ce chat est un fat, facile à tromper... De plus, il trouvera bien le moyen de sortir les nuits où la lune a rendez-vous avec les chats et les appelle ! Aucun n'y manque !

— Tu en sais des choses ! Sans toi je serais restée parmi les miens, la peur et la faim. Regarde ! Lili promène son Barnabé.

— Ça tombe bien ! Je vais miauler tendrement. Le chat sortira. Barnabé fera le reste.

En effet, le matou, flatté de la visite de sa jolie voisine, faisait le gros dos... et ronronnait… Barnabé avait tout vu. Il avançait en rampant. Arrivé nez à queue avec le chat, il rugit. Ce dernier prit peur et s'enfuit, poursuivi par le chien. Nos deux amies passèrent la chatière !

— Chouquette ! Qui peut bien loger dans toutes ces petites chambres de la grande maison ?

— Personne ! C'est une meule de gruyère coupée en deux par l'épicier.

— Du fromage alors ! Quel régal !

Mais, à force de grignoter, la petite souris avait disparu au fond de la demi-meule.

— Il faut sortir Poucette, et songer à partir !

— Je ne peux pas ! D'un côté je me cogne à un mur et de l'autre les trous se sont resserrés !

— C'est ton ventre qui ne passe plus ! Mais… chut… Je sens le matou. Il ne sera guère de bonne humeur et sa course lui aura donné grand faim !

Dans quel état rentrait-il ? Sale, hirsute, un œil égratigné !

— Ce chien devient enragé ! J'ai pu lui arracher sa barbe et lui griffer sa truffe ! Je suis fourbu… Je dois

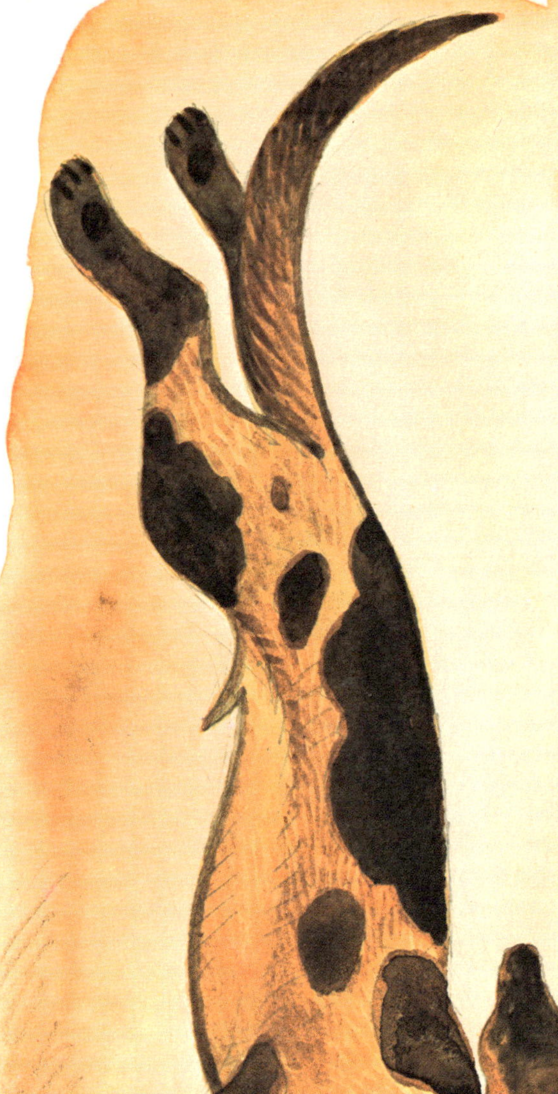

me reposer ! Sois gentille. Reste à surveiller. Si mon maître trouvait, dans son gruyère la moindre crotte de souris, quelle raclée il me donnerait ! Au diable ces races de chiens et de souris !

— Je les déteste autant que toi. Dors ami !

— Vite Poucette ! Le matou dort.

— Je n'en finis plus d'avaler les trous.

— Ce sera le chat qui les avalera pour toi...

Enfin, aidée par Chouquette, elle sortit et... nos deux amies... filèrent !

— On va se rendre compte de la tête de Barnabé imberbe. Lili l'a récupéré et attaché ! !

— Bonjour Barnabé. Tiens ! Tu es allé chez... ton coiffeur ? Il t'a coupé la barbe ! ! Ça ne te va guère. Oh ! et la truffe : une pomme de terre.

Œil mauvais, oreilles basses, queue entre les pattes, maugréant, il s'enfonça dans sa niche.

— Je vous aurai, toi et ta souris !

— Tu ne penses pas, Barnabé, qu'il serait agréable à Lili que nous fassions la paix ! Elle t'aime autant que moi et tu n'es pas méchant !

— Tu as sans doute raison et pour faire cette joie à Lili, je vais y réfléchir.

Un cadeau tombé du ciel

Trois petites souris font de la balançoire. La plus hardie, Minouchka, crie sans cesse à ses sœurs : « Poussez ! poussez ! Plus haut ! » Elles poussent si bien que la souris s'envole dans les airs. Une cigogne qui passait par là, la reçoit sur son dos.

— Que voilà un cadeau tombé du ciel ! s'exclame-t-elle, pas le moins du monde surprise. Et, elle continue son voyage vers une autre contrée. La mission des cigognes est d'apporter des nouveau-nés dans les foyers de l'Est. La voyageuse accomplit un long trajet qui ne semble pas déplaire à Minouchka, ravie de l'aventure; elle n'a, en outre, aucun remords d'avoir quitté son foyer où ses parents lui préféraient ses nombreux frères et sœurs.

La cigogne arrive au terme de sa route. Une petite maison basse, entourée d'arbres en fleurs, l'attire. Elle se poste sur le balcon et écoute par la fenêtre entrebâillée, la conversation suivante :

— Ah, ma pauvre vieille, je crois bien que c'est fini pour nous, nous n'aurons plus jamais l'espoir d'avoir un enfant ici ! dit tristement une souris qui porte une culotte, et qui fume la pipe.

En face de lui, sa compagne, secoue la tête :

— Il n'y aura personne à qui léguer notre belle maison, personne à choyer ! Pourtant, comme je l'aurais aimé, « notre petit »...

La cigogne n'hésite plus; elle s'approche de la cheminée, y fait glisser Minouchka qui atterrit parmi ses nouveaux parents, ébahis et heureux.

La fête du hibou

Séverine est toute joyeuse : elle va se promener dans la forêt avec son lapin apprivoisé, Chouvert.

La journée est magnifique, le soleil brille, les petits oiseaux chantent, les fleurs étalent leur parfum et rivalisent de couleurs et de formes.

Séverine cueille un gros bouquet parfumé, le respire :

— Hum ! dit Chouvert, ça sent très bon !

Séverine est de son avis et bientôt ses bras ne peuvent plus tenir les tiges.

— Maman sera bien contente, dit-elle.

— Si nous jouions à cache-cache ? propose le coucou.

Séverine accepte bien volontiers, d'autant que les gentilles mésanges et les écureuils se joignent à elle.

Après les parties de cache-cache, Séverine danse, court et chante, puis s'étonne de voir la nuit tomber.

— Il est temps de rentrer, suggère Chouvert, une carotte aux dents.

Certes, mais encore faut-il retrouver le joli chemin par lequel Séverine est venue... Est-ce celui-là ? Non... Celui-ci peut-être ? Avec la nuit, il est difficile de se retrouver.

Une boussole serait la bienvenue, mais Séverine n'en a pas... Que faire ?

Heureusement, les chouettes viennent à son secours et la dirigent à travers la forêt éclairée par les lucioles, jusqu'à une grande clairière que la lune baigne maintenant de sa lumière bleutée.

Que de bruits, de cris et de rires joyeux s'élèvent de cet endroit dans lequel sont rassemblés bien des animaux !

— Que se passe-t-il ? demande Séverine, stupéfaite, à Chouvert.

— Je voudrais bien le savoir, répond Chouvert aussi ahuri qu'elle.

— C'est la fête du hibou Huluberlu, hululent en chœur les chouettes.

Il est là, Huluberlu, splendide, dirigeant l'orchestre des merles à l'aide d'une badine de noisetier, tandis que les lapins dansent avec les renards et que les belettes invitent les oies sauvages.

Séverine n'y tient plus et elle se mêle à la joie générale. La voilà au milieu des animaux. Elle danse d'abord avec Chouvert, puis avec chaque renard. Elle est toute rouge, échevelée, essoufflée, mais c'est sans importance ; elle s'amuse tellement !

— Chante avec nous, sifflent les merles.

Séverine ne se le fait pas répéter et elle improvise une belle chanson.

— Bravo, bravo ! crient tous les animaux en applaudissant vivement.

— Allons maintenant nous rafraîchir et nous restaurer, dit Huluberlu, en offrant galamment son aile droite à Séverine, ravie.

Chacun boit du nectar de campanule et mange du miel sauvage. C'est succulent et la petite fille se régale sans retenue.

Mais soudain la nuit s'efface, remplacée par l'aube rose qui sépare les invités heureux, mais bien las d'une telle nuit.

Séverine, Chouvert épuisé sur ses talons, rentre chez elle, se glisse rapidement dans son lit où elle ferme les yeux sur son joli souvenir.

Personne ne s'est aperçu de son absence et c'est bien ainsi car Séverine n'a pas l'intention de raconter sa belle aventure.

Un conte tout en blanc

Un agnelet, petite boule de neige blanche, gambadait dans la verte prairie. Sa maman, la douce brebis, le regardait, attendrie.

Il courait après les papillons, essayait d'attraper les oiseaux. Il soufflait sur l'eau du ruisseau et fourrait le bout de son nez rose dans la corolle des fleurs de l'été.

Ses grands yeux pétillaient de malice et s'ouvraient tout ronds dans une frimousse espiègle. Ce qui faisait de lui un éternel étonné.

Par moment, il rêvait d'espaces et de liberté. Alors, il allait jusqu'à la haie d'aubépines qui le séparait de l'immense forêt.

Que pouvait-il se passer sous ces grands arbres verts ? Quel mystère lui cachaient-ils ? Par le trou de la clôture, il humait l'air parfumé arrivant de cette fascinante masse de verdure.

— Boule de Neige, viens ici ! Tu sais que je t'ai interdit de t'approcher de la haie, lui disait sa maman !

Alors, tête basse, Boule de Neige revenait près d'elle, en soupirant.

La grande aventure n'était pas encore pour aujourd'hui !

L'automne saupoudrait de poussière d'or les grands arbres de la forêt.

Et notre agnelet, contemplant cette féerie, se lamentait :

— Ah ! si maman voulait... j'irais tout là-bas m'emplir les yeux de merveilles, me griser de liberté... Oui ! mais maman le défendait...

Un matin, pendant que sa maman prenait un bain, il passa la haie d'aubépines. Il courut à perdre haleine vers les arbres dorés. Ses sabots ne touchaient plus terre, tant il allait vite.

C'est ainsi que Boule de Neige fût entraîné dans la sarabande endiablée des champignons ventrus. Qu'il roula sur la mousse avec les marrons luisants. Qu'il dansa avec les feuilles chatoyantes tombées des arbres, au gré du vent d'automne. Qu'il s'envola, même, porté par les oiseaux.

Étourdi, à bout de souffle, il se laissa tomber sur une souche. Il avait besoin de reprendre ses esprits. En riant, ses amis s'enfuyaient, le laissant seul et désemparé.

Brusquement, il eut froid, il eut faim. Il se sentit terriblement las. Être libre, cela ne l'amusait plus du tout. Ce dont il avait besoin, c'était de sa maman. Il éprouvait l'envie de se blottir tout contre son flanc. Il voulait enfouir le bout de son museau dans sa toison tiède.

Il lui fallait, maintenant, retrouver le chemin de sa verte prairie.

Parmi ces enchevêtrements de taillis et de broussailles, comment allait-il faire ?

— Bée, bée ! petite maman, où es-tu ? Viens me chercher !...

Hélas ! seul l'écho lui renvoya son appel... bée... bée.

Alors qu'il reniflait, un très grand homme blond lui apparut. Il avait surgi du fourré. L'air menaçant, il lui barrait la route. Pointant le doigt, il lui dit :

— Ainsi, petit importun, tu troubles notre repos.

— Monsieur, votre forêt est si belle que je n'ai pu résister.

— Eh bien ! pour te punir, en nuage je te change, rétorqua le génie, en soufflant sur Boule de Neige.

Voici comment un petit mouton se retrouva dans l'azur du ciel.

Il était bien malheureux et se sentait bien seul, tout là-haut perché...

Il voyait sa jolie maman, si loin de lui, et l'appelait. Mais elle ne l'entendait pas.

Alors, le petit nuage se mit à pleurer. Il pleura tant et tant qu'au matin une épaisse couche de neige recouvrait la terre.

A pleurer de la sorte, le nuage devint petit... si petit qu'il... disparut.

Et l'agnelet s'éveilla de cet affreux cauchemar.

Il était bien au chaud, tout contre sa maman dans la bergerie.
Il soupira, puis murmura, en bâillant, ses grands yeux embués de sommeil :
— Un nuage dans le ciel... un flocon de neige sur la terre...?

Il préférait de beaucoup n'être qu'un agnelet, tout simplement !

Souriant à sa maman, Boule de Neige se rendormit, rassuré.

Au printemps prochain, il retrouvera sa verte prairie.

Qu'elle sera jolie ! toute pailletée de fleurs et constellée de papillons. Il y gambadera, ivre de bonheur et de liberté.

Dehors, il neigeait à gros flocons. Tandis qu'un agnelet, dans le foin odorant, rêvait au printemps fleuri.

L'école buissonnière

Flip est un gentil écolier, mais si paresseux ! Aujourd'hui le beau temps invite aux promenades dans les bois proches. Adieu école ! ce gourmand part à la recherche de noisettes ; les noisetiers en offrent des quantités, mais vertes encore. Désappointé, Flip s'aventure près d'un étang couvert de nénuphars roses. Il voudrait bien en cueillir et saute dans une vieille barque couverte de mousse. Hélas ! il s'aperçoit très vite qu'elle prend l'eau de toute part ; il veut revenir près du bord et rame de toutes ses forces. Trop tard, l'embarcation sombre : voilà notre héros qui se débat dans l'eau ; il sait à peine nager et les herbes s'entortillent autour de ses membres, lui causant d'atroces frayeurs.

Enfin, tant bien que mal, il réussit à regagner la terre ferme et, pressé de retrouver son école, il coupe, à la sortie du bois, par un pré où criaille un troupeau d'oies.

Le jars ne semble pas apprécier le nouveau venu et se précipite sur lui en sifflant. Flip ne trouve son salut qu'en grimpant dans l'arbre le plus proche. Là, transi de froid, il doit attendre longtemps que l'animal s'éloigne pour regagner enfin la salle de classe claire et chaude. C'est bien fini l'école buissonnière !

Zaza l'ignorante

Installée sur un doux nid de paille, madame Aglaë, la plus belle oie de la ferme, couve six beaux œufs. Ce sera un événement que cette première couvée, car madame Aglaë porte fièrement autour de son cou de neige le grand cordon rouge qui représente dans les concours agricoles les plus jolis produits d'élevage.

Les petites oies sont nées et se dandinent gentiment derrière leur maman. Hélas! madame Aglaë doit sans cesse rappeler à l'ordre la plus menue et la plus désobéissante de ses filles, la petite Zaza. Dix fois perdue sous les salades du potager, vagabondant sous les haies épineuses qui la retiennent prisonnière, cancanant très fort, elle appelle à l'aide sa maman, d'une aigre petite voix éplorée.

Les petites oies ont grandi et vont sagement à l'école. Une seule s'écarte du chemin : Zaza ! La polissonne gambade, éclaboussant ses sœurs en pataugeant dans les flaques d'eau. Les livres et les cahiers neufs sont tachés. Tom, le compagnon de jeux favori de Zaza l'entraîne dans ses mauvais coups. C'est un vrai chenapan ce petit chien blanc à l'œil cerclé de brun. Grimpée sur son dos, la petite oie facétieuse tire les cordons de sonnette, ou bien encore agite les grands draps blancs séchant dans les jardins.

— Hou, hou, gémit alors Tom d'une voix déchirante.

— Maman! maman! un fantôme! miaulent les chatons terrifiés...

Madame Chouette, l'institutrice, indique les lettres au tableau noir. Toute la classe s'applique. Le lapereau fronce son petit nez et remue ses longues oreilles, la poulette rousse bat des ailes et glousse avec application.

Là-bas, cachée derrière son pupitre relevé, Zaza, la dissipée, rêve en tressant une couronne de pâquerettes. Zaza, grondée, sera coiffée du bonnet d'âne et envoyée au coin. Incorrigible, le lendemain elle fait

l'école buissonnière car un cirque est annoncé. Tom l'a vu installer son chapiteau sur la place du village. Nos deux complices, cachés sous un banc, assistent aux répétitions.

Ils entendent le directeur du cirque se lamenter car l'âne savant est malade.

— Je vais le remplacer, décide Zaza.

Tout content, monsieur Loyal l'engage pour le soir même. Zaza, rouge de fierté, court mettre sa plus jolie robe à volants et son bonnet rouge

Tout le village est là avec, au premier rang des spectateurs, madame Chouette accompagnée de tous ses élèves. Les clowns remportent un grand succès, les danseuses et les trapézistes sont très applaudis mais voilà enfin le clou du spectacle, les animaux savants. L'entrée de monsieur Loyal suivi de Zaza est saluée par une clameur de joie.

— Vive Zaza ! bravo ! bravo ! crie l'assistance.

— Madame Zaza, tonne monsieur Loyal de sa grosse voix, madame Zaza, montrez-nous combien vous êtes intelligente, dites-moi un peu combien font deux et trois ?

— Euh, quatre ou peut-être bien six, cancane Zaza sottement.

L'assistance trépigne de joie, madame Chouette, consternée, cligne ses gros yeux dorés et ébouriffe ses plumes en signe d'indignation.

Monsieur Loyal est rouge de colère il trépigne de rage.

— Quatre ou six, bête comme une oie ! s'exclame-t-il courroucé. Cela fait cinq, jeune ignorante, hors de ma vue ! je suis ruiné !

Zaza s'enfuit en pleurant de honte poursuivie par les cris de la foule qui scande « Sotte comme une oie! ». Elle se réfugie auprès de madame Aglaë. Celle-ci aime tendrement son étourdie de petite oie et entreprend, tout d'abord, de la consoler. Ensuite elle veut lui faire la morale.

— Tu vois, mon enfant, comme tu es ignorante parce que tu as toujours refusé d'écouter les leçons de cette brave madame Chouette. Tu me donnes beaucoup de soucis, il faut me promettre de faire un effort.

Serrée bien au chaud contre les douces plumes blanches, Zaza, vexée, promet de faire de son mieux.

Le lendemain matin, l'institutrice trouve devant sa porte une jeune oie éplorée dont les grosses larmes détrempent son paillasson.

— S'il vous plaît, je ne veux plus que l'on me dise « Sotte comme une oie » madame Chouette éduquez-moi !

— Hum ! grommelle la brave chouette, espérons que ces bonnes résolutions tiendront tout au long des prochains mois. Enfin, je veux bien essayer petite, au travail ! Nous avons de nombreuses leçons à rattraper. Il te faudra renoncer aux récréations.

Le cœur un peu gros, Zaza promet et fait ses adieux à Tom le compagnon de nombreuses escapades dans les taillis environnants. Désormais il n'y a pas élève plus sage et plus attentive que Zaza.

En fin d'année, elle sort fièrement de sa classe, ses plumes blanches couronnées de laurier et serrant sous ses ailes de beaux prix à tranche dorée.

Beau joueur, Tom est là pour applaudir à son succès, mais il s'enfuit bien vite car il a trop peur que madame Chouette ne l'enferme dans sa classe.

Tom demeurera un ignorant.

Le sabot de Petite Marie

Petite Marie a reçu pour sa fête, une paire de sabots de bois vernis dont elle rêvait depuis longtemps. Elle était si jolie et si douce, cette Petite Marie, que tous l'aimaient. Les bêtes errantes trouvaient toujours près d'elle le pain accompagné d'une caresse... Un jeune chien abandonné lui rendait de fréquentes visites, mais, ce matin, pris d'une subite envie de jouer, il se saisit d'un sabot, courut vers la rivière, y tomba, lâchant sa prise !

Oubliant sa peine, Petite Marie l'aida à se sortir de l'eau et l'animal vit alors ses yeux rougis. Il comprit sa sottise et, de la berge, suivit le sabot qui continuait sa course, entraîné par le courant !

Un martin-pêcheur l'aperçut et, ailes déployées, s'y posa. Le petit sabot ressemblait ainsi à un frêle esquif aux voiles bleues. Qu'il était joli ! Maman Cane qui nageait en famille jeta des couaks ! couaks ! admiratifs. Un rat d'eau qui flânait se frotta les yeux, ébloui ! Les bavardes foulques tendirent leur cou et se turent. Le petit voilier indifférent continuait sa promenade.

Sous le pont, une branche le stoppa... Et le martin-pêcheur s'envola. Malgré sa peur le chien sauta, se saisit du sabot qu'il ramena à l'enfant si heureuse qu'elle serra contre elle son sabot et le chien.

Au pays des roses

Un beau jour d'été, Polly la coccinelle alla trouver son ami le grillon et lui dit :

— La reine des roses se marie et nous invite au grand bal qu'elle donne à cette occasion ! Viens, nous partons !

Le grillon, qui était musicien, eut juste le temps de saisir son violon et suivit la coccinelle.

Tous les deux marchèrent longtemps sur le chemin qui menait au pays de la reine des roses mais durent bientôt s'arrêter, épuisés de fatigue.

Alors, Polly eut une idée :

— Fabriquons un attelage avec cette coquille de noix, dit-elle, mais hélas ! nous n'avons personne pour le tirer !

Mademoiselle Chenille, occupée à ronger une feuille, tendit l'oreille et suggéra timidement :

— Si vous le désirez, je veux bien tirer la coquille de noix !

Sa proposition fut acceptée avec enthousiasme et les deux compères attelèrent la chenille à l'aide d'un joli ruban et l'on se mit en route !

Chemin faisant, le curieux attelage rencontra un papillon aux vives couleurs qui voulut les accompagner, puis, un peu plus loin, deux moineaux se joignirent à eux.

Tout ce petit monde était très joyeux et chantait à tue-tête, accompagné au violon par le grillon.

Enfin, l'on arriva au pays de la reine des roses !

La mariée magnifique, tout de blanc vêtue auprès du marié, un modeste bleuet qui semblait très heureux, accueillit ses invités avec émotion ; des larmes de rosée coulaient sur ses pétales la rendant plus belle encore.

La cérémonie se déroula dans la joie et le bal commença.

On dansa toute la nuit. Jamais, de mémoire de fleur, l'on n'avait vu si belle fête au pays des roses !

Petit-Museau cherche un maître

Ce matin, Petit-Museau est découragé !

Dans la fourgonnette qui l'emporte à la foire de Cosse-les-Petipois il broie de tristes pensées. Comme il est beau, il a été choisi pour être vendu.

— Pourtant, gémit-il, j'avais tout pour être heureux ! du lait, un bon lit de paille et un grand pré pour faire des cabrioles... Être obligé de quitter sa ferme, ses amis à dix mois est la plus douloureuse des épreuves. Et Petit-Museau pleure.

Soudain, le véhicule ralentit et s'immobilise, c'est la fin du voyage.

On attache le jeune veau à une barrière à côté d'un bœuf immense.

— Je m'appelle Hercule le taureau ! beugle le ruminant à l'oreille de Petit-Museau recroquevillé de peur.

Déjà, un paysan le soupèse du regard mais lui trouve finalement triste mine. Au loin, fermiers et marchands de bestiaux traitent des affaires.

Visiblement Petit-Museau est inquiet. Pourtant, lorsqu'il sent une menotte glisser le long de son échine il redresse la tête.

— Tu as l'air bien malheureux ! lui déclare un garçonnet.

D'instinct, l'animal devine que ce petit bonhomme qui le regarde est un ami. A partir de cet instant il fera tout pour lui plaire.

Il se blottit contre l'enfant qui lui dit à voix basse :

— Si tu venais habiter chez moi ? Attends, je reviens !

L'enfant s'éloigne en courant. Mais voilà que Petit-Museau suscite l'intérêt d'un paysan qui l'achète sans discuter.

L'animal est désespéré. Il tire sur sa longe pour fuir lorsqu'il entend :

— Hé ! Ce veau est à moi !

— Trop tard ! répondent vendeur et acquéreur d'une même voix.

Mais Bertand ne veut rien entendre. Il y a belle lurette, explique-t-il, que lui et Petit-Museau sont des amis.

Obstinément il offre sa tirelire et c'est son papa qui règle l'affaire.

Petit-Museau est content. A présent la partie est gagnée.

— On s'entendra bien tous les deux ! chuchote le garçonnet à l'oreille de son protégé.

Le jeune bovin suit son nouveau maître sans offrir la moindre résistance. Entre eux, c'est déjà l'entente parfaite.

Il le suit dans la foule, la tête haute, l'œil rayonnant. Sa docilité étonne plus d'un promeneur.

Petit-Museau a grandi.

Il vit librement dans une fermette située en pleine campagne.

Son étable est confortable et l'herbe du pré qu'il broute à longueur de journée est tendre comme la rosée. Le soir, il boit du lait de chèvre et trouve que c'est rudement bon !

Comme il est très attaché à son jeune maître, il le suit partout pour le plus grand plaisir de ce dernier. C'est ainsi que tous les jours, de son petit pas lent et tranquille, il l'accompagne et va le chercher à l'école. Dans le village c'est presque un événement.

Sa réputation d'animal apprivoisé force l'admiration.

Pour l'enfant, ce n'est pas un veau ordinaire qu'il a rencontré sur un champ de foire mais un vrai compagnon.

Petit-Museau se laisse atteler à la carriole que conduit son maître. Mais si quelqu'un d'autre veut en faire autant il lance une ruade.

Ce petit phénomène à quatre pattes est le plus heureux du monde.

Quant à son jeune maître il l'est bien autant que lui.

Plus tard, ils travailleront ensemble aux champs de sorte qu'ils resteront toujours une véritable paire d'amis.

Tripp le marcassin

Il était une fois un gentil marcassin appelé Tripp, qui était bien mignon avec ses flancs rebondis rayés de brun et ses pattes fines chaussées de sabots luisants. Toute la journée il trottinait dans la forêt en compagnie de ses cinq frères et sœurs et de sa maman. Celle-ci retournait la terre de son groin puissant, afin de dénicher glands et racines. Tripp était d'un naturel doux et sociable, dès qu'il voyait un lièvre ou un blaireau, il courait vers eux en grognant de plaisir.

Hélas ! à la vue de la silhouette massive de maman Sanglier dont le mauvais caractère était connu, ses compagnons de jeux s'enfuyaient, laissant le pauvre Tripp tout déconfit.

Un jour pourtant Tripp, dans l'ardeur de sa course, laissa loin derrière lui les sous-bois familiers. Il déboucha dans une clairière au centre de laquelle s'élevait une maisonnette. Trottinant, curieux, autour du jardin clos, le marcassin surpris se trouva devant un espace sablé où s'ébattait une famille de porcelets gras et roses. Dans une auge de pierre fumait une appétissante bouillie. A cette vue, Tripp sentit sa faim se réveiller. Gémissant d'impatience, il se dressa sur ses pattes arrière.

— Maman ! cria alors un des petits cochons, regarde, un visiteur !

A cet instant précis la clôture rouillée céda et Tripp, surpris, culbuta dans l'enclos entre les pattes de maman Truie.

Étonnée, celle-ci le redressa doucement d'un coup de tête.

— Mais c'est un marcassin ! Notre cousin des forêts. Que fais-tu ici ?

Un peu étourdi, Tripp s'assit sur son arrière-train et entreprit de conter sa mésaventure.

— Je m'ennuyais un peu au fond de ma forêt où personne ne veut jouer avec moi. Alors j'ai poursuivi un petit lapin de garenne. Et maintenant je crois bien que je suis perdu et j'ai si faim...

— Enfants, laissez une place à votre cousin, ordonna maman Truie.

Mmm ! la délicieuse bouillie de seigle et de pommes de terre mélangés ! Jamais Tripp n'avait dégusté un tel régal. Ensuite, bien restauré, il joua avec les petits cochons. Se poursuivant et piaillant d'une voix suraiguë, ils menaient un joli tapage. Mais déjà le soleil baissait à l'horizon.

— Il te faut repartir, petit, dit maman Truie, car le fermier va bientôt rentrer et alors il aurait tôt fait de te capturer. Suis en bordure de forêt la haie de châtaigniers et prends le chemin planté de grands chênes. C'est la route des sangliers car ils y trouvent leur nourriture favorite. Ta maman doit sûrement rôder par-là.

Tripp prit un peu tristement congé de ses nouveaux petits amis et, se faufilant à travers la brèche du grillage, gagna rapidement le couvert de la forêt de toute la vitesse de ses petites pattes.

Bientôt il aperçut la silhouette sombre de maman Sanglier inquiète, fouillant les fourrés à sa recherche.

Avec ses frères et sœurs ils reprirent tous ensemble le chemin de leur repaire. Tripp, un peu las, traînant la patte, mais se promettant bien pourtant de revenir souvent jouer avec ses cousins fermiers.

— Prends bien garde, jeune étourdi, lui dit sa maman. Les hommes sont très friands de notre chair. Le fermier te vendrait un bon prix à l'auberge des chasseurs.

Tripp se souvint alors de l'avertissement donné par la gentille maman Truie. Il se promit alors d'être très prudent et de ne s'approcher de la maison des bois qu'à la nuit tombée. Hors de la vue du fermier à l'appétit redoutable...

Tiburce l'ourson polaire

Tout est calme... Mouettes, goélands et cormorans planent sans un cri dans le ciel pur. Les pingouins déambulent sagement, ailerons ouverts pour profiter du moindre rayon et de la chaleur bienfaisante du soleil de l'été arctique. Un peu plus loin, ours blancs et phoques font la sieste sur la plage de galets, mollement étalés et offrant leurs ventres rebondis à l'astre resplendissant. Maman Ourse voudrait bien faire un plongeon dans la mer car un banc d'aiglefins passe au large et elle a très faim !

— Sylvestre, approche ! demande-t-elle à son ami le pingouin. Veux-tu surveiller mon fils Tiburce pendant mon absence ? Je te remercie mais, surtout, sois bien vigilant car il est espiègle !

L'ourson est assoupi et sa nurse d'occasion se contente de jeter, de temps à autre, un coup d'œil vers lui. Mis en confiance par son calme, il abandonne son poste et rejoint un groupe de chasseurs esquimaux qui viennent de débarquer de leurs kayaks en peau. Parmi eux, Sylvestre aperçoit son ami Yakohoua qui lui fait de grands gestes. Il est heureux de retrouver son large sourire franc qui remonte ses pommettes luisantes, couleur abricot.

Il aime ses yeux noirs en amande et son regard direct et rieur ; c'est un grand chasseur mais il ne tue jamais inutilement. Les rigueurs des froids polaires obligent les Esquimaux à se nourrir de viande et de graisse de phoque, mais Yakohoua chasse juste pour ses besoins et ne fait pas commerce de ses captures. Les deux camarades échangent des nouvelles de la banquise et Sylvestre oublie sa mission.

Le temps passe vite et, lorsque Yakohoua rejoint les membres de sa tribu, Sylvestre constate avec effroi que Tiburce a disparu. Il est atterré, il s'affole et ses cris réveillent les dormeurs :

— Tiburce n'est plus là ! Tiburce est parti ! Que va dire maman Ourse ? Aidez-moi ! Aidez-moi à le retrouver avant son retour !

Tout le monde participe activement aux recherches, les yeux mi-clos, encore ensommeillé.

— Tiburce ! Tiburce ! crie-t-on.

Les pingouins se dispersent en tous sens, claquant des ailerons pour appeler le fugitif. Ils sont des milliers à parcourir la banquise de long en large et leurs livrées noires et blanches tranchent sur la glace immaculée.

Les ours se sont mis également de la partie et ils vont, de leur démarche pataude, prêter main-forte à leurs amis.

Même les phoques, énormes masses, consentent à sortir de leur léthargie pour ramper avec difficulté à la suite des ours qui ne sont guère plus lestes.

Les oiseaux scrutent la plage et le ciel vibre de leurs battements d'ailes. Aucun des habitants de la banquise ne reste inactif et l'effervescence règne alors que, d'ordinaire, la vie s'écoule dans la plus grande quiétude.

La chasse est terminée. Les kayaks sont chargés à ras bord de viande de phoque que les Esquimaux feront boucaner au soleil. Ce sont des provisions pour le long hiver qui ne tardera pas à venir et les pagayeurs rament avec prudence pour ne pas faire verser leur précieuse cargaison. Yakohoua profite de son passage le long de la plage pour faire un signe d'adieu :

— Oh ! Que se passe-t-il ? crie l'ami de Sylvestre à ses compagnons.

— Nous n'en avons aucune idée. Ils ont tous l'air un peu fou. Ils ne tiennent plus en place et c'est à qui hurlera le plus fort.

— Allons voir, nous pouvons peut-être les aider...

Les Esquimaux débarquent sur la plage et ont le plus grand mal à se faire expliquer la situation.

— Maman Ourse a confié son ourson à Sylvestre et cet étourdi l'a laissé sans surveillance... leur lance un pingouin essoufflé qui ne prend même pas la peine de s'arrêter.

Les chasseurs se joignent à cette folie collective et leurs beaux costumes bariolés se mêlent aux teintes sombres des phoques et des pingouins. Le temps passe et tout le monde est épuisé...

Peu à peu, tout se calme. Chacun se repose, reprend son souffle et ses esprits :

— Maman Ourse s'est trop éloignée pour voir ce qui se passe ici. Heureusement, car elle n'est guère commode, même avec ceux qu'elle aime !

Sylvestre est secoué de sanglots et rien ne peut le calmer :

— Je suis déshonoré... Je suis perdu... et il s'affale sur un tas de neige.

Patatras ! le tas de neige est tiède, il tressaille, s'ébroue et notre pleureur va s'étaler, le nez dans la neige glacée, de la vraie neige cette fois...

— Que m'arrive-t-il ?

— Que fais-tu là, Sylvestre ? questionne une voix fluette.

Le tas de neige ? C'était l'ourson qui, tranquillement, faisait sa sieste, comme tout le monde.

— J'avais froid et je me suis roulé en boule, le nez dans mon épaisse fourrure. Pourquoi m'avez-vous réveillé aussi brusquement en prenant mon dos pour un fauteuil ? Quelles drôles de façons...

Sylvestre passe du désespoir à la colère :

— Tu te dissimules, tu te confonds avec la neige, nous te cherchons partout et tu dors paisiblement, sourd à nos appels. Quelle inconscience !

Maman Ourse arrive juste à temps pour séparer les querelleurs. Elle écoute le récit de cette aventure et calme les esprits :

— Sylvestre, lorsqu'on te confie une tâche, si tu l'acceptes, tu dois l'accomplir avec beaucoup de conscience et remettre à plus tard jeux et amusements. Quant à toi, mon fils, tu es un peu trop malicieux et je ne suis pas certaine que tu n'aies pas voulu faire une petite blague ?

Ainsi se termine cette aventure qui mit en révolution le petit peuple de la banquise au cours d'un bel après-midi de l'été arctique, et chacun repartit bien vite terminer sa sieste...

C'est le printemps !

Une, deux, trois, dix, vingt paires de pattes vertes s'accrochent à la plus grosse branche d'une bougainvillée pourpre. C'est Ophélie, la chenille verte. Elle est si énorme, grasse et luisante que, malgré sa jolie couleur verte, personne n'ose l'approcher. Tristement solitaire, elle se laisse aller au sommeil qui la gagne inexorablement. Elle n'a que le temps de lancer quelques fils pour tisser son cocon avant de s'endormir, épuisée. Au bout de quelques jours ses rares amis s'inquiètent : sans doute est-elle morte ? Mais non ! C'est le printemps, la vie renaît...

Ophélie se réveille, crève son cocon et après des heures d'efforts, retrouve sa liberté. Elle peut enfin admirer, sous le regard ébahi de ses amis, les deux immenses ailes éclatantes de couleur qui sont accrochées à son dos. Elle les ouvre, les ferme, stupéfaite. Ce n'est plus Ophélie la vilaine chenille verte, c'est maintenant un magnifique papillon multicolore !

Romaric et Leïla

Romaric, le lapin de garenne, termine sa toilette et son repas de carottes, choux et romarin. D'humeur joyeuse, il part à l'aventure et traverse la garrigue embaumée de lavande et de marjolaine. Soudain, il tombe en arrêt devant une boule de poils endormie au pied d'un vieil olivier. On dirait Maître Renard ! Brrr ! Romaric déteste ce genre de rencontre...

Il est prêt à détaler mais deux immenses yeux noirs le fixent avec étonnement :

— Bonjour ! Qui es-tu ? interroge une voix câline et flûtée.

— Je... Je... suis Romaric. Et toi ?

— Je m'appelle Leïla, le fennec du désert.

— Tu n'es pas un renard ? J'aime mieux cela !

— Je sais que je ressemble beaucoup à ce cousin lointain... J'arrive du Sahara mais ma cage s'est ouverte et j'ai pu m'échapper. J'erre depuis plusieurs jours, j'ai faim et je suis épuisée...

— Viens avec moi, je vais te faire connaître mes amis et nous rendrons visite à Mamie, propose Romaric ravi de sa nouvelle connaissance.

— Qui est Mamie ? interroge le fennec.

— C'est une très gentille grand-mère qui me gâte chaque fois que je vais la voir. Elle s'occupera de toi...

Nos deux amis partent de concert. Le ciel est bleu comme sur une carte postale, le soleil d'août darde ses rayons brûlants sur cette terre aride de Provence où vit notre lapin.

— Oh ! je me croirais presque dans mon pays natal, s'exclame Leïla, mais l'air est plus parfumé. Quels sont ces cris bizarres ?

— Ce sont des grillons et des cigales qui chantent l'été à cœur joie.

De découverte en découverte, de rencontre en rencontre, nos deux amis arrivent devant la maison de Mamie, un mas blanchi à la chaux croulant sous les fleurs.

Mamie les accueille chaleureusement car ils viennent distraire ses longues heures de solitude. Son regard chargé de tendresse s'attarde sur Leïla : elle admire ses yeux en amande, ses immenses oreilles et son doux pelage couleur de miel.

— Venez vous restaurer, mes amis, dit-elle, vous me conterez ensuite vos aventures.

Leïla apprécie la coupelle de lait et, toute ragaillardie, commence son récit : sa capture, le long trajet dans la cale surchauffée du bateau, l'accident du camion qui la menait au zoo, sa fuite, sa rencontre avec Romaric...

— Tout ceci est très bien, ajoute Mamie, pensive. Pour l'instant tu peux vivre avec Romaric et ses amis, mais que feras-tu l'hiver venu ? Ici il n'est pas aussi rigoureux que dans le Nord et on peut le supporter aisément, cependant il fait bien moins chaud que dans ton Sahara !

Leïla est attristée; elle ne songeait qu'au bonheur présent, pourquoi penser à l'avenir ? Elle est encore trop jeune et bien insouciante pour s'effrayer des mauvais jours et Romaric est trop tête folle pour la mettre en garde.

— Que vais-je devenir, s'affole Leïla. Je ne veux pas rester enfermée toute ma vie au zoo !

— Il n'en est pas question, interrompt Mamie avec douceur. Tu me tiendras compagnie et je te garderai au chaud pendant la saison froide.

Leïla accepte avec joie cette proposition et elle vit heureuse près de la vieille dame. Romaric vient les voir chaque matin et le trio passe la journée dans la quiétude et la gaité.

Aux prochaines vacances, allez, vous aussi, dire bonjour à Mamie, Romaric et Leïla !

Le petit lièvre des neiges

Un jour de printemps, Lirélo, le petit lièvre des neiges est né avec ses quatre frères, quand le soleil commence à réchauffer l'herbe verte.

Dans son terrier d'herbes et de feuilles, la maman Lièvre caresse ses levrauts et leur donne du lait.

Lirélo se blottit contre la fourrure chaude de sa maman.

C'est un petit lièvre heureux.

— Venez voir, mes petits, annonce maman Lièvre, le ciel est tout bleu au-dessus des montagnes blanches !

Les jeunes levrauts se bousculent pour sortir du terrier.

Que c'est bon de s'étirer au soleil et de gambader parmi les pâquerettes !

Le monde est si grand pour Lirélo, le petit lièvre des neiges !

Lirélo respire l'air vif de la montagne et flaire les premières gentianes.

Quand l'été vient, les petits lièvres jouent à cache-cache sous les rhododendrons et les myrtilles puis se reposent à l'ombre d'un sapin.

Mais l'automne doré amène des bruits terribles à travers la montagne.

— Pan ! Pan ! Pan ! Pan !

— Maman, qu'est-ce que c'est ? demande Lirélo.

— Ce sont les chasseurs. Vite, sauvez-vous vers notre terrier !

Quand l'hiver recouvre de neige la montagne et cache les sapins verts et les rocs, les petits levrauts se regardent.

— Maman, crie Lirélo, je ne me reconnais pas !

— Tu as un beau poil blanc, Lirélo, dit la

maman. Vous deviendrez ainsi chaque hiver pour mieux vous cacher si on vous menace.

— Ah bon ! répond Lirélo. Je suis bien content. Je me trouve beau.

Lirélo aime courir sur la neige, sauter à travers les crevasses et glisser sur la glace.

— Tiens, c'est amusant ! s'écrie le petit lièvre. Olivia descend sur ses skis.

Pouf ! Voici Olivia étalée dans la neige, skis en l'air.

Lirélo rit sous un sapin et dit :

— Moi, je glisse sur mes pattes, comme ça.

Et zou !... Lirélo dévale la pente.

Un jour, Lirélo fait des pirouettes sur la neige gelée qui scintille.

Une grande ombre noire descend dans le ciel bleu et s'approche en silence.

Lirélo lève la tête et se sauve.

La grande ombre s'abaisse vers le sol.

— Oh ! dit Lirélo, un aigle !

Hop ! Lirélo bondit de toutes ses forces et tourne brusquement. Dans le ciel, l'aigle agite ses grandes ailes et vire aussitôt.

Lirélo voit sur la neige éblouissante l'ombre noire qui se rapproche.

Vite, plus vite, Lirélo !

Lirélo sent son cœur cogner dans sa poitrine. Éperdu, il saute une crevasse, encore une autre et se jette contre la falaise.

De son œil perçant, l'aigle a repéré le petit lièvre blanc et s'abat d'un seul coup.

Mais Lirélo, le malin, se glisse dans une fente profonde du rocher et là ne bouge plus.

Le petit lièvre des neiges est sauvé.

Ouf !

Comme il a eu peur ! Et comme il est heureux maintenant d'apercevoir, tout au bout du rocher, un petit morceau de ciel bleu dans lequel voyage un petit nuage blanc !

Bruno et le monde des hommes

Il est bien gentil, Bruno l'ourson, avec sa fourrure ébouriffée, ses gestes pataudS et ses yeux vifs et curieux. Depuis la veille, il s'est installé avec sa maman dans une caverne à l'orée du bois. Mais, ce soir d'été, il y fait si chaud que l'ourson en sort doucement pour respirer l'air frais de la nuit. Soudain il aperçoit au loin, scintillant comme des étoiles, les milliers de lumières d'une ville. Alors Bruno se souvient des récits étranges que lui a faits naguère le vieil ours de la forêt :

« Dans le monde des hommes il y a des villes merveilleuses où l'on peut voir toutes sortes d'objets extraordinaires dont les ours sauvages comme nous n'ont aucune idée ! » avait expliqué le vieil ours.

— Ah ! que cela serait intéressant de regarder de plus près une de ces villes merveilleuses et tous ces objets extraordinaires ! pense Bruno.

Sa décision est vite prise et, oubliant la promesse qu'il a faite à sa maman de ne jamais s'éloigner d'elle sans permission, il profite de son sommeil pour s'élancer vers ce monde qui le fascine et il pénètre bientôt dans les rues de la ville. Mais elles sont désertes, car c'est l'heure où les gens dînent chez eux.

Cependant les vitrines des boutiques sont brillamment éclairées. Bruno les examine avec admiration.

— Quels beaux joujoux dans ce bazar ! Et dans cette charcuterie, comme ces victuailles sont appétissantes ! Et ici, ces vêtements élégants... et là, ces meubles confortables ! Ah ! qu'il doit être agréable de vivre en ville et de posséder toutes ces choses exquises ! murmure l'ourson.

Tout à coup, en arrivant à un coin de rue, Bruno s'arrête stupéfait. Devant lui un pauvre vieil ours danse lourdement d'un pied sur l'autre au son d'un tambourin qu'agite un petit garçon, tandis qu'un homme à l'air cruel brandit un fouet.

Il est grotesque cet ours, vêtu d'une veste à carreaux et coiffé d'un chapeau bizarre sur lequel se hérisse une fleur fanée ! Et puis, il trébuche en dansant, il doit être terriblement fatigué, pense Bruno, apitoyé.

A ce moment, l'homme lève son fouet et cingle le dos du malheureux animal.

Alors, indigné, l'ourson crie de toutes ses forces :

— Sauve-toi... retourne dans la forêt !

— Je ne peux pas, regarde donc, répond avec tristesse le vieil ours en montrant d'un geste découragé une chaîne à laquelle sa patte est attachée.

Le cœur serré de compassion, Bruno voudrait bien emmener avec lui ce pauvre animal captif et lui faire connaître toutes les joies de la liberté. Mais l'homme vient de voir Bruno et il crie au petit garçon :

— Un ourson sauvage égaré par ici... quelle aubaine ! Capturons-le, nous le dresserons à danser... nous le tiendrons enfermé dans une cage... nous l'exhiberons à la foire, vêtu d'un de mes vieux costumes... Vite...

Alors Bruno frémit :

— Danser avec une patte enchaînée, et habillé d'un costume ridicule ! Etre enfermé dans une cage et montré à des gens qui se moqueront de moi ! Recevoir des coups de fouet ! Perdre ma chère liberté ! Oh ! non, jamais ! pense l'ourson en se sauvant.

Plus tard, sûrement, Bruno retournera dans la ville aux mille lumières accompagné d'autres animaux sauvages, afin d'essayer de délivrer le vieil ours enchaîné qui souffre et se lamente, et pour le ramener parmi les siens...

Mais cela sera une autre belle histoire !

Car les animaux de la forêt vivent toujours des histoires magnifiques !

Quelle aventure!

Paul ralentit son allure. Encore quelques pas et il s'effondre à l'ombre du premier arbre venu, le cœur battant à se rompre, sur la terre rouge du chemin. La sueur perle sur son front brun et bombé, il halète, cherchant à remplir d'air ses poumons asphyxiés. Anoua le guépard vient le rejoindre en trottinant allégrement, frais et dispos :

— Que tu es rapide ! s'esclaffe Paul, encore essoufflé.

— Évidemment, tout mon corps est bâti pour la course ! Je dois attraper les gibiers les plus rapides et fuir mes ennemis... Pourquoi t'obstines-tu à vouloir m'égaler ? Je gagnerai toujours !

— En es-tu certain ? marmonne Paul. J'ai ma petite idée...

Le lendemain, dès l'aube, pour éviter les fortes chaleurs, le garçonnet se précipite chez son ami Péoua, le conducteur de Safari, et lui demande la permission de monter dans l'une de ses Land-Rover...

Avec l'accord de Péoua, Paul s'installe sur la plate-forme arrière d'une camionnette, sans plus s'enquérir de la direction qu'elle prendra...

Anoua, les muscles tendus, prêt au départ, est stupéfait de se voir dépassé par Paul qui bat des mains et éclate de rire. Comprenant la farce que son ami veut lui jouer, il s'élance, beau joueur, et fait semblant de lutter dans une course qu'il sait perdue d'avance... Déjà il s'imagine l'exaltation du vainqueur et se prépare à reconnaître sa défaite...

Des hurlements de terreur le stoppent net... A son grand étonnement, il voit la camionnette disparaître dans un nuage de poussière. Paul gesticule comme un beau diable mais le chauffeur, chantant à tue-tête, ne l'entend guère. C'est harassé, courbatu, et dégoulinant de sueur qu'il retrouve Anoua paisiblement installé à l'ombre rafraîchissante d'un énorme manguier, quelques heures plus tard.

— Quelle aventure ! Que j'ai eu peur ! Mais, si cela avait réussi, j'aurais été le premier !

— Quel gamin tu es ! répond Anoua, avec indulgence, tu veux toujours avoir le dernier mot. Je te pardonne d'avoir voulu me berner, restons amis et... à demain pour une nouvelle course !

La vache et le renard

Une bonne grosse vache, bien ronde, très rousse, broutait de l'herbe sous un pommier.

Un jeune renard vint à passer.

— Eh, ma bonne amie, lui dit-il, si nous cultivions un champ à nous deux ? Je vous aiderais à labourer, à semer, à faucher, et nous partagerions notre récolte en deux. Pour ne pas nous disputer, je prendrais tout ce qui pousse au-dessus du sol, et vous, vous prendriez tout ce qui pousse au-dessous.

— Je veux bien, répondit la vache.

Et les voilà tirant la charrue.

— Oh, que c'est fatigant, dit le renard. Je vous laisse travailler seule, ma bonne amie.

Mes conseils vous seront plus utiles !

La vache pensait que ce renard n'était pas très courageux mais continua à labourer toute seule. Elle sema et désherba.

Le renard, assis sur son derrière, la regardait travailler, en rêvant à toute cette récolte qui lui rapporterait beaucoup d'argent. De temps à autre, il criait à la vache :

— Courage, ma bonne amie !

Quand l'heure de la moisson fut venue, le renard courut chercher une grande charrette.

— Partageons la récolte, dit-il. Tout ce qui a poussé sur la terre est à moi, tout ce qui a poussé dedans est à vous !

— Oui, répondit la vache. J'ai justement planté des pommes de terre. Vous pouvez emporter les feuilles, moi, je vais déterrer les légumes.

Et le renard vit partir la vache avec la charrette pleine de pommes de terre, tandis qu'il restait à côté d'un tas d'herbes tout juste bonnes pour les lapins.

— Ah ! se dit le renard, on dirait que cette vache s'est moquée de moi ! Mais attendons la suite.

Quand la vache revint de la foire avec un panier plein de gros sous, le renard l'attendait sous le pommier.

— Eh, ma bonne amie, rappela-t-il, j'ai beaucoup aimé travailler avec vous. Recommençons cette année. Mais cette fois, je prends tout ce qui pousse dans la terre, et vous, tout ce qui pousse au-dessus.

— C'est d'accord, répondit la vache. Et elle se remit à tirer la charrue, à semer, à herser, tandis que le renard, couché sur le dos, la regardait travailler.

— Allons, courage ! lui criait-il en suçotant une pâquerette.

Quand l'heure de la moisson fut venue, le renard arriva avec trois grandes charrettes.

— Vous vous souvenez de notre accord ? lui dit-il. Tout ce qui a poussé dessous est à moi, mais ce qui a poussé dessus est à vous.

— Bien sûr, répondit la vache, justement, cette année, j'ai planté du blé. Vous pouvez prendre les racines. Moi, je garde les épis.

Et la vache partit avec les trois grandes charrettes remplies de grains de blé, tandis que le renard trépignait de rage au milieu du champ vide.

— Cette vache s'est moquée de moi deux fois, gronda le renard, mais cela ne va pas continuer comme ça ! Je vais lui montrer que les renards sont les plus malins !

Quand notre vache revint de la foire avec son panier plein de gros sous, le renard l'attendait sous le pommier.

— Cette fois, lui dit-il très en colère et en montrant les dents, je prendrai tout : et ce qui pousse sur la terre et ce qui pousse dedans.

— Moi, je veux bien, répondit la vache.

Or, savez-vous ce qu'elle planta ?

Des pommiers ! Bien sûr, les pommes ne poussent ni dans la terre ni sur la terre, seulement dans l'air !

Et la vache croqua les belles pommes rouges à la barbe du renard. Elle était fière de prouver que les renards n'étaient pas les plus rusés.

— L'agriculture, ça me dépasse vraiment, avoua le futé.

« Foi de renard, je ne travaillerai plus jamais avec une vache ! » pesta-t-il, fort humilié.

Puis il retourna dans la forêt courir après les lapins.

Carolus a trouvé un ami

Carolus est un chat, mais pas n'importe lequel et il le sait très bien. Carolus est un admirable chat Persan qui plaît à tous les amis de son petit maître Olivier, parce qu'il est très beau.

Mais Carolus est insupportable et il pense qu'en chat de qualité il lui est permis d'avoir mauvais caractère ; c'est pourquoi il ne se gêne pas.

— Comment ! à midi mon repas n'est pas servi ? C'est impensable.

Il boude en grand seigneur qu'il est et qu'il désire rester.

Pourtant Olivier s'occupe de son ami et la preuve en est qu'il dépose délicatement devant lui, une assiette remplie d'une pâtée chaude à point.

— Je la mangerai quand je le jugerai utile, pense Carolus.

Il se décide enfin, savoure avec délicatesse le plat présenté, en gourmet qu'il est et en chat bien éduqué.

On est Persan ou non ; noblesse oblige, n'est-ce pas ?

Son repas terminé, Carolus regagne à pas discrets et comptés le fauteuil de velours qui lui sert de trône, et doucement se lèche les pattes.

Mais soudain, Carolus n'en croit pas ses yeux. Devant lui, près de la fenêtre, un chat de gouttière famélique le regarde de ses grands yeux jaunes.

— Par exemple ! pense Carolus indigné, que fait ce malotru dans mon jardin ?

Et il se précipite, la moustache batailleuse, le poil hérissé, les yeux exorbités. Il est furieux à souhait et ne se prive pas de clamer sa colère farouche.

Le pauvre chat de gouttière s'enfuit sans demander son reste ; il n'a pas pu apitoyer le seigneur des lieux.

Pourtant, le lendemain, il est là.

Carolus fait de nouveau fuir cet intrus, et il en est fier, d'autant que le fait se répète pendant plusieurs jours.

Un bel après-midi fleurant bon le printemps, Carolus décide d'aller se promener près du talus des taupes, histoire de leur faire peur.

Dans sa hâte, il n'a pas vu deux personnages à l'air inquiétant qui l'observent avec intérêt.

— C'est un Persan bleu, dit l'un, il vaut cher.

— On va le capturer, dit l'autre, ravi.

Et il abat sa grosse main sur le cou fragile.

— Miaou ! miaule Carolus saisi en tentant de se débattre, en voilà des façons.

Malheureusement pour lui, l'aventure semble en devoir de mal tourner; pourtant... pas tout à fait; car soudain l'un des hommes crie et le lâche.

Qui est venu ainsi à son secours?

Carolus, abasourdi, a devant lui la réponse à la question posée et il en est bien surpris. Son sauveteur n'est autre que le chat famélique.

Voyant le Persan en danger, le chat de gouttière n'a pas hésité à griffer et à mordre cruellement l'homme qui s'était emparé de Carolus.

— Miaou, je te remercie, dit Carolus en souriant à son nouvel ami, je te dois la vie tout simplement ; veux-tu m'accompagner jusque chez moi ?

Le chat de gouttière n'en croit pas ses oreilles et miaule de plaisir.

— Miaou, je suis heureux ! dit-il en tendant la patte à Carolus.

Les deux hommes, quant à eux, sont loin déjà, étonnés de la tournure des choses et fort en colère.

Pendant ce temps, Olivier lit sur le tapis du salon et se demande où le Persan a pu s'en aller. Il l'a appelé plusieurs fois en vain.

— Peut-être se promène-t-il dans les parages ? pense-t-il.

Soudain un miaulement le tire de sa lecture : c'est Carolus, son nouvel ami sur les talons qui entre dans la pièce.

— Qu'est-ce que c'est ? s'exclame Olivier stupéfait en regardant le visiteur inattendu.

— C'est mon ami, déclare Carolus en rougissant un peu, il m'a sauvé des griffes des hommes. Il est très gentil.

— Eh bien ! répond Olivier, te voilà aimable à présent, Carolus.

Il regarde le chat de gouttière, lui offre un repas copieux qui fait la joie du malheureux affamé.

— Je crois que tu avais faim, constate Olivier en prenant le chat délicatement dans ses bras et en le caressant, nous allons te garder, si tu le désires.

Le chat de gouttière accepte cette proposition alléchante à la grande joie de Carolus.

— Nous serons toujours amis, promet-il en ronronnant.

— Je suis content de te voir réagir ainsi, dit Olivier.

Carolus reprend sa place sur le fauteuil qu'il partage avec le chat de gouttière appelé Tigris.

Ces deux chats désormais seront liés par l'amitié.

— La beauté n'est rien, l'amitié est tout, miaule Carolus à qui veut l'entendre.

Olivier et Tigris sont absolument de cet avis.

Voulez-vous jouer avec moi ?

Petit Poussin flâne dans la cour de la ferme. Petit Poussin a l'œil partout, à la découverte de trésors.

Il se fait chasser de l'enclos des canards à grands renforts de « coin-coin ! » nerveux.

Monsieur Coq le renverse, sans même le voir, préférant surveiller les poulettes aux poussins.

Maman Poule, pressée, suivie de sa nichée, le bouscule.

Le chien gronde parce qu'il agace ses moustaches.

Le chat le poursuit afin de se distraire.

Désemparé, Petit Poussin s'en va loin de la ferme, loin de tous les animaux sans cœur.

Dans le village, près de la mare, il se chauffe au soleil lorsqu'un bel animal scintillant attire son attention.

— Comme tu es beau ! s'exclame-t-il. Quelles jolies couleurs ont tes ailes ! Qui es-tu ?

— Je suis belle, corrige une voix fluette car je suis une libellule !

— Mademoiselle la Libellule, voulez-vous jouer avec moi ? Tout le monde me bouscule ou me chasse et je m'ennuie !

— A quoi pourrions-nous jouer, Petit Poussin.

— A chat perché... à saute-mouton... à la course...

La libellule secoue la tête négativement.

— Voyons, Petit Poussin, je serais toujours gagnante ! Laissons-là ces jeux actifs, puisque tù aimes la couleur, je vais t'apprendre à peindre !

Chaque jour Petit Poussin revient près de l'étang où l'attend la libellule pour lui donner sa leçon de peinture.

Elle lui apprend qu'avec quatre couleurs : le rouge, le bleu, le jaune et le noir l'on peut obtenir, en les mélangeant, des coloris infiniment variés.

Désormais, Petit Poussin n'a plus besoin des autres pour jouer. Il se distrait bien mieux avec son chevalet et ses peintures.

Mathilde rêve d'évasion

Mathilde, la tortue de Patrice, s'ennuie seule dans le jardin. Depuis bien des jours elle rêve d'évasion sans découvrir le moindre trou dans la clôture.

Ses amies les fleurs ne peuvent plus la distraire ; même l'agréable parfum qu'elles exhalent, l'irrite !

Or, un matin, la barrière du jardin est restée providentiellement ouverte. Mathilde en profite et se glisse dehors.

Elle trottine gaiement sur le chemin. Vive la liberté !

Soudain, elle veut traverser et c'est la catastrophe ! Elle trébuche et roule dans le caniveau !

La voici sur le dos. Pauvre Mathilde ! Elle attend patiemment du secours, et se demande qui viendra la délivrer ?

Patrice l'aperçoit. Il court vite car il sait que les tortues ne peuvent vivre longtemps dans cette fâcheuse posture. Il la retourne délicatement en la grondant avec douceur.

Patrice ramène la fuyarde dans le jardin en caressant sa carapace. Là, il n'y a aucun danger.

Maintenant, Mathilde restera auprès de Patrice et de ses amies les fleurs.

Bigoudi a trouvé des maîtres

Il pleut. Bigoudi est assis sur le trottoir et il pleure car il est seul. Son beau pelage est maculé de boue.

Christine, qui sort de l'école, appelle son frère :

— Éric, viens voir le petit chien! Il est tout mouillé. Il doit avoir froid, le pauvre !

Les deux enfants voudraient bien emmener Bigoudi chez eux mais papa ne veut pas de bêtes à la maison. Que faire ? Le petit chien a l'air si malheureux !

Éric et Christine s'en vont en courant car maman va s'inquiéter ! Tant pis pour Bigoudi... son maître viendra bien le chercher...

Les voici devant leur maison : Christine pousse la porte du jardin, lorsque, tout à coup, quelque chose passe entre ses jambes et manque la faire tomber.

Elle s'exclame :

— Le petit chien, Éric ! Il nous a suivis ! Que va dire papa ?

— Venez vite, j'ai une idée ! dit Éric.

Les enfants partent avec Bigoudi au fond du jardin.

Il y a une petite cabane ou papa range ses outils :

— Nous allons le cacher ici et, tout à l'heure, nous lui apporterons à manger.

Christine installe Bigoudi dans un cageot rempli de vieux chiffons :

— Viens te coucher, Toutou, et attends-nous là, bien sagement, nous allons revenir très vite !

Les enfants se dépêchent de rentrer à la maison où maman les attend pour le goûter.

Il ne pleut plus, Éric et Christine se précipitent dans le jardin et courent vers la cabane où est caché Bigoudi.

Christine ouvre la porte : le petit chien est assis dans sa niche improvisée et les regarde en remuant la queue :

— Ouah ! Ouah ! jappe-t-il, j'ai faim moi !

— Tais-toi, Toutou, tais-toi ! supplie Éric, maman va t'entendre !

— Tiens, mange ! dit Christine en lui tendant des tartines beurrées et du chocolat.

— Voilà, c'est pour toi ! dit Éric en lui donnant un morceau de viande pris sur la table de la cuisine : Bigoudi dévore tout cela en un clin d'œil !

— Maintenant, viens te promener, lui dit Christine mais surtout tais-toi !

Bigoudi sort de la cabane avec les enfants. Tout à coup, maman surgit et s'exclame en colère :

— Que fait ce chien ici? Ah! je comprends où est passée la viande qui était sur la table de la cuisine!

— Maman, ne te fâche pas ! Il nous a suivis jusqu'ici, il avait l'air si malheureux et il mourait de faim !

Maman est compréhensive et le petit chien est si mignon !

— Regardez, il y a un nom sur son collier ! Voyons : Bi-gou-di ! Il s'appelle Bigoudi et il a deux ans, mais il est très sale et puis il grelotte ! Emmenez-le à la maison ! propose-t-elle.

— Oh ! merci maman ! On va le garder avec nous, n'est-ce pas ?

— Nous verrons ; si son maître le réclame, nous devrons le lui rendre ! En attendant, nous allons lui donner un bon bain ! Viens Bigoudi !

Bigoudi n'aime pas beaucoup l'eau et fait des bonds dans la baignoire où maman l'a placé, tant et si bien qu'elle est toute mouillée !

Enfin Bigoudi est propre : son œil est tout brillant et il sent bon le savon et la lavande car il a eu droit à une friction !

Maman l'installe sur une douce couverture dans la panière à linge et lui offre une bonne soupe.

— Que va dire papa ? s'inquiètent Christine et Éric.

— Je parlerai à papa, ne craignez rien les enfants et puis nous apprendrons à Bigoudi à lui apporter ses pantoufles et son journal, le soir, lorsqu'il rentrera du bureau !

Bibou et le cirque

Bibou est un tout petit caneton, couvert de duvet. Il suit partout son maître Stéphane. Quand il va à l'école, Bibou reste à la porte de la classe et attend qu'il sorte. Il trouve le temps long. Un coin! coin! retentissant dit son impatience. Tous les écoliers se mettent à rire.

— Pas de Bibou à l'école! ordonne la maîtresse.

Le lendemain, enfermé dans la grange, Bibou n'est pas content. Soudain il entend d'étranges bruits. Par un trou, sous la porte, il se faufile.

Sur la place, il y a deux roulottes vertes. Un homme, pantalon garni de franges, chapeau à larges bords, joue de la trompette. Une belle dame chante.

— Venez, venez tous voir le cirque Oholama!

Les roulottes vont se ranger sur l'aire du village. Des portes ouvertes sortent : un chien, un chat... Suivent des canards blancs qui se précipitent à la mare. Bibou les rejoint. En langage canard, ses compagnons expliquent :

— Nous sommes des artistes! Tu nous verras ce soir!

— Moi! dit la cane, j'ai un chapeau rose à fleurs! Les canards, eux, ont une cravate à pois! Et le chien Kinou danse debout sur ses pattes arrière. Arcani, le chat, devine tout ! la dame l'interroge, il répond par Miaou ! et c'est oui ! et le non c'est Miaou ! Miaou ! L'acrobate agile, est le singe Malina!

— J'irai vous voir! dit Bibou.

Intimidé par ces merveilleux canards, il s'en retourne chez lui, quand arrive le dîner des artistes. D'ailleurs il n'a pas été invité au repas.

Il s'en va dormir un peu, dans la grange, pour être éveillé cette nuit.

Stéphane arrive en retard de l'école. Il est resté longtemps sur l'aire à regarder le cirque avec ses camarades. Il fait sortir Bibou.

— Va vite manger, courir. Je te coucherai tôt. Je vais au cirque ce soir.

— Le cirque! pense Bibou. Si tu savais! Je le connais bien plus que toi!

Le soir, pour ne pas être enfermé dans le poulailler, Bibou retourne dans la grange. Sa tête sous son aile, il a l'air de dormir... Stéphane, rassuré, le laisse là et va au spectacle.

Alors, Bibou sort par son trou et il court se cacher dans l'herbe verte tout près des artistes. Des bancs sont autour de la piste... Des lumières brillent. L'orchestre joue. La dame chante. C'est encore plus beau qu'il ne l'avait imaginé. Les canards marchent en mesure, dansent avec la musique et sautent sur l'eau d'un bassin doré, nagent en se croisant, puis en rond.

Assis sur un coussin plein d'étoiles, Arcani, chat Persan, répond à tout. Le chien a une veste, une cravate avec un nœud. Il danse et pirouette, vire en vrai clown.

Avant le numéro du singe, le chien, son chapeau dans la gueule, fait la quête pour encourager les artistes.

Acrobate léger, Malina, en cabrioles, grimpe sur un grand mât. Il salue, se lâche des pieds, des mains et se retient avec la queue !

Bibou, dans ce tourbillon de merveilles, s'endort...

Le lendemain, lorsqu'il se réveille, le cirque est parti. Il retourne vite à la grange où Stéphane le retrouve.

Mais Bibou n'oublie pas ses frères artistes. Le cirque reviendra l'an prochain.

Bibou se souvient du cirque !

Un singe extravagant

Le chimpanzé Babali s'éveille de très bonne heure ce matin-là et il s'ennuie... Aussi décide-t-il de se livrer à quelques extravagances qui lui sont coutumières.

Tout d'abord, il quitte son arbre et arrive en atterrissage brusque sur le dos tapissé d'écailles d'un énorme crocodile endormi.

— Que se passe-t-il ? interroge le crocodile en ouvrant péniblement les yeux.

Il rêvait d'aventures magnifiques où il se trouvait le héros. C'était grisant !

— Bonjour, dit Babali joyeux.

— Hein! s'exclame le crocodile, tu oses me réveiller alors que le jour n'est pas encore levé. Tu es un insolent! Je vais t'envoyer à l'instant te rafraîchir: tu vas voir!

Et d'un puissant coup de queue, il projette Babali en plein dans le fleuve.

— Chic, dit Babali, un bain matinal est ce qu'il me faut. Merci beaucoup !

Une fois dans l'eau, Babali nage vivement ; il veut regagner au plus vite la berge.

Il se sent tout à fait en forme et aperçoit un phacochère qui dort encore.

— Il faut que je le réveille, pense Babali.

Il cherche un moyen ingénieux, réfléchit quelques instants, ne tarde pas à le trouver.

Des plumes de pique-bœufs sont éparpillées au sol. Babali s'en empare vivement et en introduit aussitôt deux ou trois, dans les larges oreilles du phacochère sans défense.

Le phacochère ahuri se réveille, ne sait pas ce dont il s'agit, s'élance de toutes ses forces aveugles dans la forêt proche.

Babali ravi, s'applaudit sans retenue et pousse des cris de contentement.

Mais ce n'est pas assez ; Babali a besoin d'autres exercices physiques à faire, donc, d'autres bonnes farces à jouer aux animaux endormis.

Il se met à exécuter différentes cabrioles accompagnées de cris stridents et répétés, puis il se suspend aux branches des arbres et enfin tombe à terre en s'applaudissant très fort.

Il fait tant et si bien que les oiseaux s'agitent en sifflant ou en chantant à gosier ouvert.

En entendant tout ce bruit matinal et inhabituel, voilà que les animaux sont réveillés bien malgré eux et naturellement en colère. Ils décident de poursuivre Babali.

— Nous allons lui montrer de quel bois nous nous chauffons, disent-ils.

Et les uns hurlant, les autres criant, vociférant, sifflant, braillant, grondant, tous se lancent à la poursuite de Babali épouvanté.

— Sauve qui peut ! se dit le malheureux chimpanzé.

Il se hâte de regagner la forêt et se réfugie dans un régime de bananes qui lui servent de projectiles. Il en épluche quelques-unes et lance leurs peaux sur les poursuivants.

La belle bousculade que voilà ! Les animaux perdent l'équilibre en glissant, tombent les uns sur les autres, ont des bosses, des bleus et des égratignures. Quels rugissements, quels cris de mécontentement !

Babali se dit qu'il l'a échappé belle et seul, cela compte pour lui.

Il commence à respirer, à se frotter les mains de satisfaction et à reprendre goût à sa vie de chimpanzé extravagant, quand une main le saisit.

— Je suis perdu pense Babali terrorisé, je suis prisonnier.

Il se décide à regarder celui qui vient de le kidnapper et se retient à grand peine pour ne pas lui sauter au cou, tant sa joie est grande.

— Kouakou, mon ami, dit-il en son langage, quelle chance de te voir !

Mais Kouakou veut se montrer sévère ; il trouve que Babali a commis trop de sottises ce matin, et il répond d'une grosse voix :

— Tu vas venir avec moi cueillir des bananes pour ma famille, ainsi les animaux seront tranquilles pour le restant de la journée.

— Je veux bien, réplique Babali penaud.

Il grimpe sur le dos du gentil Kouakou qui marche dans la forêt à la recherche des meilleurs régimes de bananes.

L'aventure de Bella

Papa et maman Castor sont heureux. Ils ont trois ravissants castors : Ploc et Plouf, les deux aînés et Bella, la petite sœur.

— Restez dans le bois des bouleaux, mes chéris, pendant que nous allons abattre un peuplier pour construire un barrage, dit maman Castor.

Papa et maman Castor rongent l'écorce du peuplier puis le bois. Attention ! l'arbre va tomber, il vacille ! Ça y est ! il bascule en travers de la rivière avec un grand bruit.

— Maintenant, entre les branches, apportons terre et cailloux.

Les petits castors jouent dans le bois des bouleaux. Ils rongent des écorces fines, font leur toilette, lissent leur fourrure.

— Bella, viens à la rivière apprendre à nager, proposent ses frères.

Plouf plonge le premier et nage avec ses pattes palmées. Il se dirige à l'aide de sa large queue. « Bravo, Plouf ! »

— A ton tour, Bella, essaie. Je resterai près de toi, promet Ploc.

Bella barbotte, éclabousse et rit, puis, se laisse glisser.

— Remue tes pattes, crie Ploc. Encore, tu fais des progrès !

— Oh ! comme je suis loin ! s'exclame Bella.

— Pousse avec ta queue pour revenir vers le rivage, dit Plouf.

— Je sais nager ! s'écrie Bella en sortant de l'eau.

Elle s'allonge dans l'herbe pour se sécher pendant que ses frères s'amusent dans l'eau.

Tout doucement, dans sa belle fourrure rousse, le renard s'approche.

— Bella, je t'apporte des racines de nénuphar, viens, elles sont un peu plus loin.

Bella est ravie et va le suivre. Mais ses frères ont aperçu le malin renard et la préviennent :

— Bella ! Reviens !

Les deux castors nagent rapidement vers la rive et chassent le renard furieux.

— Bella, voyons Bella ! Tu sais bien que le renard ment.

— Ah, vous voilà, dit maman Castor. Est-ce que tout va bien ?

Ploc et Plouf racontent l'aventure arrivée à Bella.

— Oh ! ma chérie, s'exclame maman en serrant sa fille contre elle. Nous aurons bientôt une maison dans l'étang. Tu ne craindras plus le renard et tu pourras manger des racines de nénuphar, petite gourmande !

Le petit loup désobéissant

Au printemps, maman Louve dit à ses louveteaux :

— Venez jusqu'à la clairière proche.

Les petits loups joyeux s'écrient :

— C'est beau et grand la forêt !

— Oui, répond la maman, aussi, ne vous éloignez pas de moi.

Les petits loups pataugent dans la rivière et s'éclaboussent.

— Séchez vos fourrures au soleil.

Kakou se glisse entre les bruyères et court à travers la forêt verte.

— Hé, dit le loir, où vas-tu ?

— Je veux voir le monde. Viens aussi.

— J'irai avec toi, enfant du loup.

— Hé ! dit l'écureuil, où vas-tu ?

— Je veux voir le monde. Viens aussi.

— J'irai avec toi, enfant du loup.

— Hé ! dit le renard, où vas-tu ?

— Je veux voir le monde. Viens aussi.

— J'irai avec toi, enfant du loup.

Kakou et ses amis arrivent à la lisière de la forêt.

— Je voudrais voir les chasseurs, dit Kakou très curieux.

Mais, à peine a-t-il parlé des chasseurs que les chiens aboient. Les hommes sortent avec leurs fusils.

— Fuyons vite, ordonne le renard.

Le petit loup, épouvanté, court droit devant lui à travers les ronces. Il s'arrête. Il écoute. Les chiens aboient.

Kakou a tellement peur qu'il ne sait où aller. Ses pattes écorchées lui font mal.

Il croit toujours entendre les chiens féroces derrière lui. C'est si loin, le bois noir ! Kakou ne peut se dégager d'un buisson de ronces.

Une main le saisit puis deux bras le serrent.

— Ne crains rien, dit Olivier. Je te sauverai, petit loup.

L'enfant court à travers le bois, pressant contre lui la fourrure chaude du louveteau blotti dont le cœur, affolé, se calme peu à peu.

Ensemble, ils traversent la rivière, sautent des troncs d'arbres abattus.

— Viens dans ma cabane, dit Olivier.

Olivier garde sur ses genoux la tête du louveteau aux yeux brillants.

Furieux et bredouilles, les chasseurs rentrent à la ferme.

— Tu peux retourner chez toi, petit loup.

Kakou se jette contre sa maman qui le caresse en disant :

— Mon tout petit loup, ne désobéis plus !

Zipp et l'abeille

Allongé au soleil, Zipp le petit lézard fait sa sieste. Il est parfaitement immobile, seul on voit battre son cœur sous la peau fine. Soudain, passe une abeille vrombissante, affairée, tournant telle une toupie.

— Quel malheur! pleure l'abeille. Je dois faire mon miel et je ne trouve pas le chemin de la ruche. Mes pattes sont pleines de pollen. Que vais-je devenir? Sûrement je serai punie par la reine, si je laisse périr ce précieux pollen.

Et de bourdonner, et de grommeler tant et tant que le jeune lézard, exaspéré, fouette le mur de sa queue en signe d'énervement.

— Impossible de reposer en paix, que veux-tu donc? demande-t-il.

— J'ai perdu ma ruche, j'ai perdu ma ruche, gémit à nouveau l'abeille. J'ai volé si loin pour trouver ce précieux pollen d'acacia et maintenant je ne reconnais plus ma route.

— Allons, allons, du calme, commère! dit Zipp compatissant. Je crois avoir vu, derrière ce haut mur, une grande prairie parsemée de curieux petits chalets autour desquels volent beaucoup de tes semblables.

— C'est là, c'est là, vrombit l'abeille surexcitée. Mais hélas! je suis trop fatiguée, jamais je ne pourrai survoler cette haute muraille, afin de passer de l'autre côté.

— Voyons un peu, dit Zipp, je connais une brèche dans ce mur, suis-moi.

Se faufilant habilement de pierre en pierre, le lézard arrive bientôt à un éboulis, il n'y a plus là qu'une faible hauteur à survoler. L'abeille prend son élan et se retrouve bientôt sur le toit de sa ruche parmi les siens. Reconnaissante, l'abeille vient souvent se poser à côté du lézard pour le saluer.

Jacques et les chamois

Jacques monte le sentier fleuri qui mène au sommet de la montagne. Il a décidé de passer la journée, là-haut, avec ses amis les chamois.

Le village est à peine éveillé et le printemps rit un peu partout, dans les jardins, dans les arbres, dans les ruisseaux.

L'air est pur ; une hirondelle gazouille, une petite rivière lui répond, et l'enfant, pour ne pas être en reste, improvise une jolie chanson.

Je vois un chamois,
Encore un, puis trois.
Qui vient avec moi ?
Mes petits chamois.

Jacques se dépêche ; il a hâte de retrouver ses amis chamois, mais encore plus, Dalou, né il y a quelques semaines seulement.

En haut, dans la montagne, les animaux attendent la venue du petit garçon avec beaucoup d'impatience parce qu'ils l'aiment bien.

— Viendra-t-il aujourd'hui ? demande Dalou à ses parents.

L'heure tourne et le temps passe trop vite quand son petit ami est avec eux ! C'est du moins ce que pense le jeune chamois.

— Attends, dit son père, je regarde s'il arrive.

Il scrute la vallée, il regarde la pente de la montagne, il dirige vite un œil sur la droite, l'autre sur la gauche... Ah, ce petit point... Oui c'est Jacques, c'est leur ami !

— Le voilà ! annonce-t-il, joyeux.

— Je le vois ! s'exclame Dalou en faisant un bond de joie, vite ! courons, allons à sa rencontre.

Papa Chamois, maman Chamois suivent Dalou qui saute de rocher en rocher comme un petit fou et va, aussi vif que l'éclair.

Jacques les aperçoit et leur adresse un signe affectueux de la main.

Un, deux, trois, encore quelques sauts de la part des chamois, quelques pas rapides du côté de Jacques et nos amis se retrouvent enfin.

— Bonjour, quelle joie d'être avec vous ! dit Jacques.

— Cher petit ami, comme nous sommes contents de te voir, chevrotent avec ensemble les trois animaux en léchant les mains de l'enfant.

Jacques monte sur le dos de papa Chamois qui se fait un plaisir de bondir de roche en roche, jusqu'au sommet.

Le village de Jacques semble minuscule, en bas, dans la vallée. Les petites maisons ne sont guère plus grandes que des jouets. C'est amusant !

Maintenant, les voilà tous les quatre au sommet de la montagne.

Jacques a faim et il s'assied commodément sur l'herbe pour déjeuner. Il offre gentiment un fruit à Dalou.

— C'est délicieux, chevrote Dalou gourmand, je te remercie beaucoup.

Il broute encore quelques plantes exquises, choisies avec soin et invite Jacques à aller se promener dans des coins inconnus de lui.

— Très volontiers, répond l'enfant qui monte sur le dos de papa Chamois, toujours à son service.

Un, deux, trois, papa Chamois saute des précipices, Dalou suit et maman Chamois ne se fait pas attendre. Jacques ferme les yeux par moments car il a un peu le vertige.

— Oh, une cascade ! s'exclame le petit garçon, qu'elle est jolie !

Les animaux et l'enfant se désaltèrent, puis se rafraîchissent dans cette belle eau claire.

— C'est un endroit magnifique, dit papa Chamois, d'ici la vue est superbe ; regarde Jacques, ce point rouge et blanc, c'est ta maison.

— Quelle bonne vue tu as ! déclare Jacques, émerveillé.

Le restant de la journée passe bien vite en escalades et jeux divers et le soleil décide d'aller briller de l'autre côté du monde.

— Hou ! hou ! mes amis, annonce Houloulou, le Hibou, je sens à mon éveil que la nuit vient.

Jacques songe à rentrer bien vite chez lui et demande à papa Chamois de le raccompagner.

Et, en quelques minutes, tous deux sont au pied de la montagne, qui vire au violet.

— A bientôt ! dit Jacques.

Pour un anneau d'or

Doly, petite loutre, était très malheureuse, jugez-en.

Sa tante, la Fouine, arborait une fourrure dorée. Son cousin, le Castor, s'emmitouflait dans une parure mousseuse, alors qu'elle se confondait tristement avec la grisaille du sol !

Doly était si terne et si petite qu'elle passait inaperçue. Personne ne voulait jouer avec elle. On se contentait de la pourchasser, en l'appelant : Mademoiselle Triste Robe !

C'était trop injuste... trop injuste ! Pour échapper à ces tracasseries, Doly avait pris l'habitude de se tenir à l'écart.

Ah ! que n'aurait-elle donné pour être, rien qu'une journée, belle comme une vedette de cinéma !...

Un matin, Doly s'était réfugiée à l'abri des pierres de la cascade. C'est alors qu'elle vit une jeune fille aux cheveux d'or. Elle était apparue si brusquement que Doly en était restée bouche bée.

Les extra-terrestres préparaient-ils un débarquement ?

La Belle aux Cheveux d'Or était vêtue d'une robe faite de fleurs des champs. Penchée sur le courant, elle se désaltérait, recueillant l'eau fraîche au creux de ses mains.

Qu'elle était jolie ! Tout à sa contemplation, Doly ne sentit pas ses pattes glisser. Sur les pierres humides, Doly ne put se retenir et tomba à l'eau. Elle vint choir entre les mains de sa belle apparition.

— Petite imprudente ! lui dit la jeune fille, en la prenant délicatement entre ses mains. Doucement, elle remit Doly sur la berge. Avant de lui rendre sa liberté, elle l'embrassa et lui murmura :

— Allons, va vite, jolie petite loutre, courir dans l'herbe verte.

A ces mots, Doly devint rouge de bonheur. Jamais, jusqu'à ce matin, on ne lui avait dit qu'elle était jolie ! Heureuse, elle alla se cacher dans les buissons. Elle était gentille, cette extra-terrestre et polie. Mais où avait-elle mis sa soucoupe ?

Le lendemain, Doly revint à la cascade. Elle avait cueilli un gros bouquet de jonquilles. Elle l'offrirait à sa belle inconnue en remerciement. Cette Belle aux Cheveux d'Or qui ne s'était pas moquée de la laideur de Doly.

Son inconnue était au bord du ruisseau.

Aujourd'hui, elle avait revêtu une robe de clair de lune.

Penchée sur l'onde, elle accrochait des papillons dans sa chevelure dorée.

Timidement, Doly lui offrit son bouquet. Puis, enhardie par le sourire de la Belle aux Cheveux d'Or, elle l'embrassa.

Rougissant de son audace, Doly s'en fut bien vite se cacher. Elle avait grand besoin de reprendre ses esprits.

— Oh ! Doly, tu deviens bien délurée, tout à coup, lui murmura une petite voix.

— C'est vrai cela, pensa Doly, que m'arrive-t-il, moi si timide à l'ordinaire...

Le jour suivant, Doly retourna à la cascade.

Toute à la joie de retrouver son apparition de rêve, elle chantonnait. Hélas ! elle trouva la jeune fille en larmes, courbée au-dessus de l'onde. Lorsqu'elle vit Doly, elle lui dit entre deux sanglots :

— Ma tendre amie, plonge et ramène-moi mon anneau d'or, tombé au fond de l'eau. Sans lui, je ne pourrai jamais plus retourner au royaume des fées.

Pour sauver la Belle aux Cheveux d'Or, Doly plongea. Elle oubliait qu'elle ne savait pas nager.

L'anneau était enfoui dans le sable. Pour le dégager, Doly gratta longuement. Elle resta sous l'eau beaucoup trop longtemps. Ses forces l'abandonnaient. Doly remonta à la surface et remit l'anneau à la jeune fille. Épuisée, elle gisait maintenant entre les mains de la fée.

La jeune fée souffla, alors, sur Doly et Doly reprit vie. En soupirant, elle rouvrit les yeux, rouge de bonheur. Mais, foi de loutre, plus jamais elle ne remettrait les pieds dans l'eau !

La fée donna un baiser à Doly puis disparut aussi mystérieusement qu'elle était apparue. C'est alors qu'une pluie de fleurs multicolores tomba sur Doly. Quelle féerie de couleurs !...

Sous cette pluie de fleurs, la fourrure de Doly devint dorée. Puis, brusquement, Doly se mit à grandir, à grandir... Elle se métamorphosait, sous la magie d'une fée. Et belle, elle le devint.

Doly, la belle, faisait pâlir de jalousie Tante-Fouine et Cousin-Castor, à présent.

Et, pour une fée et un anneau d'or, elle sut désormais nager.

Histoire d'un petit chaudron

La grand-mère de Catherine décida, ce matin-là, de débarrasser le grenier de tous les objets inutiles.

Elle fit un tri qu'elle mit dans une malle d'osier et la donna aux chiffonniers. Ceux-ci allèrent vendre la malle et son contenu, à un marchand installé au marché aux puces.

Or, quand il eut déballé le tout, le marchand constata que le fond d'un petit chaudron de cuivre était percé. Il décida cependant de le vendre, et cela ne fut pas long à se réaliser.

Catherine le reconnut, l'acheta pour une somme modique, le ramena à la maison, et là, le fit briller.

— Oh ! s'écria Rouglandot, l'écureuil apprivoisé, on dirait un miroir !

— Oui, admit Catherine, malheureusement son fond est percé.

— Mes amis les castors le répareront, j'en suis sûr, affirma Rouglandot.

La petite fille et l'écureuil se dépêchèrent d'aller dans la forêt où les castors, après avoir vu ce dont il s'agissait, se mirent à l'œuvre.

Artistement, à l'aide de leur queue-battoir, ils raclèrent bien le fond du chaudron, pendant que Catherine préparait un feu pour faire fondre un petit morceau de cuivre. Ensuite, ils étalèrent le cuivre liquide dans le fond de l'ustensile, puis le firent sécher.

Catherine revint chez elle, posa sur sa commode le chaudron réparé, qui vécut heureux et admiré de tous.

La lune se noie

La nuit est chaude et bleue, belle, brillante d'étoiles avec un si beau clair de lune, qu'on a envie de se promener.

Sophie ne résiste pas à cette tentation et dès qu'elle a fini de dîner, elle s'en va à petits pas dans le jardin fleuri.

— Comme l'air est parfumé, comme tout est joli, se dit la fillette tout en se dirigeant vers le bassin circulaire des poissons rouges.

Elle s'assied sur le rebord, elle plonge ses mains dans l'eau, elle est si bien, si heureuse, si calme, que rien ne la troublerait. Rien !

Rien ? Hé, rêve-t-elle ? Qui marmonne à côté d'elle d'un ton navré :

— Jamais c'est sûr, jamais je n'y arriverai.

— Délurette, que fais-tu ? demande Sophie abasourdie à son amie.

Une étrange amie en vérité, une jolie grenouille qui se contorsionne en tous sens pour repêcher quelque chose dans l'eau.

— As-tu perdu une feuille de nénuphar ? questionne Sophie en riant.

Délurette fixe la fillette de ses yeux glauques avant de rétorquer :

— Il s'agit bien de ça : tu ne vois pas qu'elle se noie !

Sophie, anxieuse, se penche en toute hâte sur l'eau, prête évidemment à porter secours, mais elle ne voit qu'une lune ronde et dorée se reflétant.

— Hé bien, s'indigne la grenouille, qu'attends-tu pour la saisir ? La lune se noie !

Et elle est en colère.

Sophie regarde son amie et ne peut s'empêcher de rire aux éclats avant de dire :

— Es-tu sotte ! La lune est dans le ciel.

— Non, répond Délurette, elle se noie !

De rage, elle bondit trois fois de suite sur une grosse feuille de nénuphar, manque son dernier bond, se retrouve dans l'eau.

— Coax ! Coax ! coasse-t-elle en reprenant appui sur une autre feuille.

Elle regarde encore l'eau claire et fixe ensuite le ciel. Comment se fait-il que la lune se noie et soit en haut ? Ce n'est pas possible, c'est de la malice, foi de Délurette. Elle n'a jamais vu ça !

Mais Sophie vient à son secours. Elle va chercher une potiche de terre cuite et petit à petit la déplace, créant ainsi l'ombre qui fait disparaître le reflet de cette lune ronde.

— Oh, coax ! s'étrangle Délurette.

Sophie ôte la potiche et le reflet reparaît aussi clair qu'avant.

— Tu vois, dit Sophie, j'avais raison.

Délurette décide de jouer un peu avec la petite fille qui ne demande pas mieux.

Les deux amies jouent à cache-cache dans le jardin. Délurette cherche longtemps Sophie. Elle boude :

— Coax ! coax ! je ne trouve pas.

— Bon, dit Sophie conciliante, jouons si tu veux, à sauter.

Mais là encore Délurette perd, et elle n'a pas bon caractère ce soir.

— J'en ai assez, dit-elle.

Sophie décide de se promener pendant des minutes qui semblent longues à Délurette.

— Je suis fatiguée, avoue la grenouille.

Elle bâille à se décrocher la mâchoire.

— Moi aussi répond la petite fille, nous devrions aller nous coucher.

Délurette saute vite sur sa feuille verte de nénuphar, celle qu'elle préfère.

— A demain, promet Sophie.

Le chaton qui n'aimait pas les carottes

— Vite, à table, dit maman Chatte.
Minouchet approche les chaises.
Antoine distribue les serviettes.
Bijou attrape un morceau de pain.
Et Fripon, le malin, tend déjà son assiette.
— Noue d'abord ta serviette, dit maman.
Les quatre petits chats, affamés, obéissent.
— Donne-moi seulement des pommes de terre, je n'aime pas les carottes ! dit Fripon.
— Tu auras des carottes comme tes frères !
— C'est bon les carottes à la crème, dit Bijou.
— Minouchet, ne trempe pas ta patte dans la sauce.
Les petits chats se régalent.
— Fripon n'aura pas de dessert, s'il ne vide pas son assiette. Voici le riz au lait !
Avec envie, Fripon regarde ses frères...

— Ferme les yeux, conseille Minouchet.
— Tu comptes : « Un, deux », dit Antoine.
— Et tu avales tout, ajoute Bijou.
C'est impossible ! Fripon fait des grimaces.
— Vous autres, décide maman, allez jouer. Il y a un cadeau de l'oncle Célestin.
Quelle joie dans le jardin !
— Oh ! s'écrie Minouchet, un habit de cow-boy !
— Oh ! s'écrie Antoine, un costume d'Indien !
— Oh ! crie Bijou, une panoplie de Peau-Rouge !
Devant son assiette pleine, Fripon s'ennuie. Vite, il attrape une grande cuillère et avale les carottes de son assiette et celles du plat.
— Tu ne m'en a pas laissé ! dit maman.
Fripon rougit jusqu'aux oreilles.
— Je croyais qu'il fallait tout manger. C'est si bon les carottes !
— Très bien, dit maman. Voici ton dessert.
Fripon n'a plus faim. Il s'élance dans la cour.
Il ouvre le dernier paquet.
Et c'est ainsi que le petit chat qui aimait tant les carottes est devenu un grand chef indien.

Carichou l'hippopotame

Carichou, l'hippopotame s'ébroue dans le fleuve. Il s'endormait au soleil et son bain l'a revigoré. L'eau coule sur sa peau luisante ; il est fier de son allure décontractée et se dirige tranquillement vers le rivage lorsqu'un petit poisson lui glisse entre les pattes, par manière de jeu.

— Cesse, Kiri, grommelle-t-il, ayant reconnu l'importun.

Cependant, Kiri a envie de s'amuser aux dépens de Carichou, et il entrave sa marche, si bien que l'hippopotame bute sur un caillou et s'affale de tout son poids pesant dans l'eau claire qui jaillit tout autour de lui.

Kiri n'est pas épargné et en devient un poisson-volant !...

Cependant la chute a été mauvaise et Carichou s'affole :

— Ma patte arrière gauche est blessée. Je ne peux plus marcher !

Kiri est désolé. C'est sa faute si son ami souffre autant. Il appelle à l'aide ses frères, les poissons :

— Ohé, les gars ! il faut aller chercher Carla, la compagne de Carichou, elle seule, saura s'occuper de lui.

Aussitôt, chacun part à la recherche de cette dernière. En vain... Elle semble avoir disparu !

Kiri n'y tient plus. Il confie le blessé à deux de ses compagnons et part, lui-même, à la recherche de Carla, qu'il finit par découvrir, près d'un bosquet, alors que les yeux mi-clos, elle reniflait nonchalamment des fleurs odorantes.

Lorsqu'elle apprend l'accident survenu à son ami, elle se glisse immédiatement dans l'eau claire et file jusqu'à lui, le pousse sur la rive et s'écrie, d'une voix douce, apitoyée :

— Oh ! mon pauvre Carichou ! ne t'inquiète pas. Je vais te soigner !

Les poissons ont déjà préparé d'actives plantes sous-marines, qui possèdent des pouvoirs de guérison sur les plaies. Carla compose un savant dosage, et s'active à panser la patte douloureuse.

La réaction ne se fait pas attendre bien longtemps. Carichou a cessé de geindre dès la première application ; et bientôt, un genre de ronflement de bien-être secoue sa vaste poitrine.

— Ouf ! Je me sens mieux ! soupire-t-il, dans un bâillement ; et, sous les regards rassurés de ses amis, il s'étire pesamment, et reprend tranquillement sa sieste interrompue.

Le lièvre, la tortue, et le cerf-volant

Par un beau jour d'été, un lièvre fait le pari d'arriver au bout de la prairie avant dame tortue. Mais, ayant flâné en route, il est distancé. Très vexé, il jure de prendre sa revanche et déclare à la concurrente :

— Ma commère, je parie d'arriver avant vous en haut de cette colline.

La tortue, futée, accepte à condition d'attendre un jour où le vent rafraîchira l'atmosphère. Le lièvre donne son accord. Justement, le lendemain, le vent souffle fort. Alors, au signal donné, le lièvre s'élance à flanc de colline sans perdre une minute. Pendant ce temps, dame tortue se rend chez son ami Jean de La Fontaine et le prie de lui prêter un cerf-volant qu'il vient de fabriquer. Le fabuliste y consent, suspend la tortue à la queue du cerf-volant et lâche celui-ci dans l'air.

En quelques minutes la tortue pose le pied au sommet de la colline. Et quand, une heure plus tard, le lièvre, soufflant, fatigué, arrive à son tour au but, dame tortue lui crie d'un ton guilleret :

— Qu'avez-vous, compère lièvre, vous semblez bien las, pourtant cette course était très agréable, ne trouvez-vous pas ? Voilà une heure que je vous attends !

Les trois cochons

Un beau matin d'été, les trois cochonnets de la ferme sont bien frottés, brossés et deviennent tout roses.

— Oh ! disent-ils, regardez tous comme nous sommes beaux !

Et les trois cochonnets joyeux dansent et s'admirent dans l'eau claire de l'étang.

L'âne gris les observe et leur dit :

— Bêtas, bêtas, vous irez à la foire.

— Eh bien, alors, nous nous promènerons, répondent les trois cochonnets. Et nous irons sur les manèges ! Et nous mangerons des saucisses grillées en plein vent !

— Nigauds, nigauds, ajoute l'âne gris. A la foire, le fermier vous vendra. Et après...

Les trois cochonnets n'écoutent plus rien. Ils se sauvent derrière une meule de foin et se parlent à l'oreille. Ce n'est pas facile avec leurs grandes oreilles mais c'est sérieux.

Être vendus à la foire, pensez donc, quand ils sont si joyeux ici, dans la ferme avec tous leurs amis !

— Faut trouver quelque chose, dit l'un.

Toutes les bêtes se rassemblent, les vaches, le cheval et le poulain, l'âne gris et son ânon, les moutons et les agneaux, les dindons et les pintades, les poules, les coqs, les canards et les chiens.

— On part demain matin dès l'aube, assure un cochonnet.

— Le harnais du cheval est tout astiqué, ajoute le deuxième cochonnet.

Les trois cochonnets tout roses et tout proprets, bien lavés et bien brossés, ont le cœur serré.

Ils ne peuvent dormir de toute la nuit et s'agitent sur la paille fraîche.

Entendront-ils encore le chien aboyer et les coqs chanter ?

Pauvres cochonnets si bien frottés !

— Et d'un ! Et de deux ! Et de trois ! dit le fermier en déposant les trois cochonnets dans la voiture à cheval, trois cochonnets pris par une patte et par la queue et qui poussent des cris perçants.

Toutes les bêtes les regardent, les larmes aux yeux et le cœur inquiet.

A la barrière, l'âne gris les attend et leur crie :

— A bientôt, mes amis. A bientôt ! Et il remue ses grandes oreilles pour cacher son secret.

Le cheval trotte allègrement sur la route ensoleillée qui sent le foin mûr et les fleurs de l'été. Mais les trois cochonnets, tassés, secoués et ballottés sont si tristes qu'ils ne respirent pas l'air parfumé.

Ils ne voient pas le ciel bleu lumineux ni la route claire si jolie.

Ils ne voient rien.

Où vont-ils donc arriver ?

— Allons, Lami, dit le fermier qui agite son fouet, voyons, qu'est-ce que tu as ?

Le cheval marche lentement et réfléchit : Tant pis pour le fouet !

— Lami, avance. Allez, Lami ! Hue !

Mais, dans le bois, Lami ralentit puis s'arrête et baisse la tête comme s'il ne pouvait avancer.

Surpris, le fermier saute à terre, caresse le cheval et l'examine.

— As-tu mal à une patte ? Montre un peu.

Le cheval insoumis ne bouge pas.

— Sapristi de sapristi ! Je n'ai jamais vu ça ! Il me faut de l'aide.

Le fermier attache le cheval à un arbre et part seul sur la route.

Aussitôt, le cheval dit :

— Hé ! ne dormez pas, là-haut, les trois nigauds. Je n'ai mal nulle part. Prenez vite le chemin de la liberté !

Pas besoin de le répéter. Un ! Deux ! Trois ! Et quatre ! Les trois cochonnets sautent sur la route et disparaissent dans le bois.

Ils y rencontrent les sangliers qui seront leurs amis et qui les invitent à manger des glands et des faînes.

Depuis ce jour-là, les jours de foire, quand le fermier et la fermière sont partis, les trois cochonnets reviennent dire bonjour à leurs bons amis de la ferme.

Quelle joyeuse journée !

La cour de la ferme est en fête.

On s'embrasse et on danse en chantant.

Pourvu que le soir n'arrive pas trop vite !

L'âne raconte toutes les nouvelles.

Mais, attention, le fermier va rentrer.

Chut ! Ne lui répétez rien !...

Lapin-Lapin

— J'ai un lapin ! J'ai un lapin gris ! crie Hélène.

Lapin-Lapin mange le trèfle dans son casier en grillage et grignote des carottes. Lapin-Lapin lève le nez et, hop ! il saute par un trou.

— Où est Lapin-Lapin ? demande Olivier.

— Lapin-Lapin est perdu ! s'écrie Hélène.

Grand-père cherche le lapin derrière les fusains. Robert fouille dans les hortensias.

Lapin-Lapin s'est faufilé derrière le garage.

Comment le faire revenir ?

— Donnez-moi le tuyau d'arrosage, demande Robert.

Lapin-Lapin, affolé, ne comprend rien.

Quand Robert le saisit par les oreilles, c'est un affreux lapin mouillé, trempé !...

Hélène le frotte avec une serviette.

Enfin Lapin-Lapin se secoue. Il passe ses pattes sur son museau, sur ses oreilles, fait sa toilette et se sèche au soleil.

— C'est bon les carottes, Lapin-Lapin !

Petit Fennec en Provence

Petit Fennec est bien malheureux... Désespérément, il cherche à pointer son long museau fuselé le plus loin possible, entre deux barreaux de sa cage exiguë. Ses immenses yeux noirs effrayés, roulent de droite à gauche. Ses grandes oreilles veloutées sont à l'affût du moindre bruit. Tout son être est en éveil...

Hélas ! Il est prisonnier ! Il a été capturé par des hommes dont le métier est de chasser beaucoup d'autres animaux et il a été embarqué dans la cale étouffante d'un navire. Depuis quand a-t-il quitté son Sahara natal ?

La nuit tombe sur les quais. Les cages qui y sont entassées partiront bientôt vers les villes froides du Nord. Petit Fennec ne peut supporter de vivre enfermé dans un zoo, il se démène comme un beau diable et, patatras, sa fragile prison bascule et s'écrase au sol. Petit Fennec est tout étourdi mais il est libre ! Adieu, compagnons de misère, bonne chance !

Il file à toute vitesse sur ses frêles pattes, les rues s'ouvrent devant lui, la ville défile mais il ne regarde rien, préoccupé à fuir...

Enfin, il s'arrête à bout de souffle. Le chant des oiseaux, et des cigales, l'air parfumé de lavande, les oliviers, annoncent la garrigue. Epuisé, il s'assoupit au creux des pierres...

Un chaud rayon de soleil vient frapper sa paupière.

Petit Fennec ouvre un œil intrigué, puis l'autre. La mémoire lui revient et, joyeux d'avoir échappé à une vie de réclusion, il se met à gambader parmi le thym et la marjolaine.

Quelques lapins de garenne viennent contempler cet étrange animal.

Entraînés par l'enthousiasme de Petit Fennec, ils se joignent peu à peu à lui et dansent allégrement, accompagnés par les cigales et les grillons. Campagnols, hérissons et musaraignes les regardent, amusés. Petit Fennec, tout à sa joie, continue quelques entrechats avant de s'apercevoir que tout le monde s'est éclipsé... Deux enfants, Mireille et Vincent, s'approchent en chantant.

— Ohé ! Bonjour les lapins ! appellent les enfants. Vous avez un nouvel ami ?

Celui qui paraît le chef des lapins prend la parole et conte l'aventure de Petit Fennec. Mireille et Vincent sont perplexes et, tout en distribuant des friandises, réfléchissent à la situation. Petit Fennec ne pourra vivre ainsi l'hiver, il faut le convaincre d'accepter l'hospitalité du zoo voisin où les animaux vivent en semi-liberté : il y trouvera de l'espace et un enclos bien chauffé... Petit Fennec se laisse facilement persuader car il sait qu'il ne reverra jamais son désert brûlant, et... ses nouveaux amis viendront le voir.

Un beau matin, l'on vit Petit Fennec installé avec Mireille et Vincent dans la carriole de leur grand-père, parmi les fleurs destinées au marché. Il avait le cœur léger et faisait des projets... Une demoiselle Fennec l'attendait au zoo...

La grenouille blanche se marie

Par un beau matin de printemps, une grenouille mit au monde, sur une énorme feuille de nénuphar, deux bébés grenouilles.

Cela n'aurait rien eu d'étonnant, si l'une des petites grenouilles n'avait eu la peau presque blanche. Elle était d'ailleurs fort jolie et possédait des yeux dorés ravissants.

La maman Grenouille était fière de ses bébés qu'elle regardait avec admiration et tendresse, mais la douairière des grenouilles qui était posée et sage, vint voir de près l'étrange phénomène, ajusta plusieurs fois ses lunettes, hocha la tête et déclara d'un air entendu :

— Voilà une déclassée parmi nous ; nous ne saurions l'accepter.

La maman Grenouille intervint en faveur de sa fille blanche.

— Laissez-la avec moi, le temps qu'elle puisse se passer de mes soins.

— Je prends note, dit la vieille grenouille qui s'en alla en sautant avec difficulté et en coassant faiblement de sa voix cassée.

Puis elle réunit quelques grenouilles qui approuvèrent sa décision.

Les jours passèrent, faisant de la grenouille blanche une petite merveille, mais personne, à l'exception de sa mère et de sa sœur, ne parlait avec elle : on la dédaignait.

Aussi, la petite grenouille décida-t-elle de s'en aller, un beau matin. Elle ne pouvait pas supporter cette indifférence.

Se dirigeant vers les castors, elle leur demanda de bien vouloir construire un radeau, et les castors complaisants se mirent à la tâche. Ils lui souhaitèrent bonne chance quand ils la virent s'embarquer et partir au fil de l'eau.

La petite grenouille arriva près d'un rivage qui lui parut hospitalier et où elle décida, assurée, de passer la nuit.

Mais à l'aube, elle s'aperçut que le radeau à la faveur du courant était parti ; aussi, la solution raisonnable était-elle de rester.

Les habitants étaient charmants : mulots, coucous, loriots, qui l'admirèrent sans retenue et jugèrent les grenouilles sans indulgence.

— Ce sont des chipies et des folles, dirent-ils d'un commun accord, lorsqu'ils surent comment la grenouille blanche avait été traitée.

Puis, ils construisirent une très belle maison pour la nouvelle venue, qu'ils garnirent à foison de mousse et de fleurs.

Ainsi commença pour la jeune grenouille, une existence agréable, d'autant que par le loriot Mutin, elle avait des nouvelles de sa sœur et de sa mère, très régulièrement.

La grenouille pensa un jour qu'il était décidément temps de prendre un époux et pria les loriots de se charger de l'affaire car dans ce pays, il n'y avait aucun batracien.

Les loriots revinrent, ramenant un jeune batracien gris-clair aux yeux dorés, qui voulait fonder une famille.

Le mariage eut lieu au milieu de grandes réjouissances qui durèrent plusieurs jours et la grenouille blanche vécut très heureuse.

C'est ce que prétendent les étoiles...

Une leçon d'élégance

Miss Belette a mis ses escarpins dorés, sa jolie robe rouge et s'en est allée au plus profond de la forêt.

— Dans quel état sont mes pauvres pattes ! s'exclame-t-elle, sur le chemin du retour. Je me sens incapable d'aller plus loin.

Jo, majestueux cygne blanc, entend la pauvrette.

— Holà ! Miss Belette. Qu'avons-nous donc ?

La petite s'approche, à pas feutrés, du grand lac tranquille.

— Mister Jo, mes pattes sont en sang ; j'ai tant marché !

— Voilà ce qui arrive aux jeunes personnes inconséquentes, répond sentencieusement Jo. Trempez donc vos extrémités douloureuses dans l'eau !

Ainsi fait, Miss Belette s'aperçoit qu'elle souffre moins. Tous deux conversent et Mister Jo félicite la petite sur sa jolie robe. Il pousse même la bienveillance jusqu'à la transporter sur son dos sur l'autre rive.

— Jo est fou ! crient les autres cygnes, voilà qu'il se fait le chevalier servant des laiderons ! Lui, un prince de l'élégance...

Miss Belette pose un pied tremblant sur la rive. La rougeur de la honte a envahi son petit museau. Elle réfléchit toute la soirée au moyen de faire taire les mauvaises langues. Au matin, elle croit avoir trouvé : elle a mis sa jolie robe blanche ; d'une poudre claire, elle a saupoudré son museau pour le blanchir, et regagne le lac, les bras chargés d'une couronne de fleurs.

— Mister Jo, je vous décore du mérite décerné pour service rendu à belette en danger. Et sur sa tête elle place la couronne !

— Permettez-moi, Madame, de vous faire faire un tour de lac ! Et, Miss Belette, ravie, passe dignement devant les autre cygnes bien déconfits.

Les phoques savants

Un petit cirque s'est installé pour tout l'été sur la place principale d'une grande ville. Ce qu'il y a de plus remarquable dans le spectacle qu'il donne chaque soir, ce sont trois phoques savants qui dansent, sautent à travers des cerceaux multicolores, font des cabrioles extraordinaires, jonglent avec des ballons, se balancent sur des trapèzes et jouent de la trompette. Comme c'est amusant de les voir exécuter leur numéro !

Un gentil petit garçon nommé Stéphane les admire tellement qu'il ne manque pas une représentation et, chaque fois qu'il vient au cirque, il se glisse dans les coulisses où les bêtes sont parquées, et il parle aux trois phoques, les caresse amicalement, et leur offre, en guise de friandises, un panier de petits poissons frais, dont ils sont très friands.

Bref, Stéphane et les phoques sont devenus d'excellents amis, et sont bien contents de se retrouver chaque soir. Un mois se passe ainsi dans la plus grande joie.

Puis, subitement, pendant quinze jours, Stéphane ne reparaît plus au cirque. Voilà les phoques très inquiets.

Le petit garçon aurait-il oublié ses amis ? L'a-t-on puni en le privant de sortie ? A-t-il quitté la grande ville ?

Or, un soir, le directeur du cirque donne congé à sa troupe. Quelle joie d'être libres pendant quelques heures ! Les phoques décident alors de partir à la recherche de leur ami Stéphane et d'explorer la ville jusqu'à ce qu'ils le retrouvent.

Ils errent longtemps dans la ville et arrivent enfin devant une maison où, à une fenêtre, se tient un petit garçon pâle et mélancolique. C'est Stéphane ! Quelle joie de le revoir après cette longue séparation.

— J'ai été très malade et je ne suis pas encore guéri, aussi m'a-t-on défendu de sortir. Je ne sais pas quand j'irai de nouveau vous voir au cirque, dit-il tristement.

— Ne t'afflige pas, Stéphane, nous te réservons une belle surprise, lui crient les phoques en détalant.

Ils vont reprendre leurs accessoires restés au cirque et reviennent vite dans la maison de Stéphane.

Et, ce soir-là ils offrent au petit garçon malade la plus belle représentation jamais vue.

Stéphane n'oubliera pas cette merveilleuse fête placée sous le signe de l'amitié !

Gentil Bousso

La savane dort encore et le soleil ne montre pas le bout de son premier rayon, quand une chose affreuse arrive à Girafette !

Ce n'est pas possible, c'est ahurissant, c'est pourtant vrai, hélas ! Des hommes l'ont capturée et l'emmènent au zoo le plus célèbre d'Europe.

Pour quelle raison ont-ils agi ainsi? Parce que Girafette est très belle et fera la joie des visiteurs du zoo! On le sait, on en est sûr!

Certes, mais Girafette dans le camion qui l'emmène vers sa nouvelle vie de prisonnière, ne l'entend pas ainsi et se lamente bien fort :

— Qui peut m'aider à sortir de cette situation ? Au secours !

Les animaux, mal réveillés, ahuris, incrédules, la regardent s'éloigner. Mais soudain, de bouche à oreille, la nouvelle se répand :

— Girafette est capturée, Girafette s'en va, il faut la délivrer !

Dans sa case ronde, Bousso dort ; le jour est si pâle encore pour se lever !... Mais l'odeur du café préparé par sa mère le tire bientôt de son sommeil en lui flattant les narines ; il s'étire sur sa natte, hume :

— Hé, ça sent bon ! dit-il en bâillant.

— Bousso ! crie la maman, je viens de voir Girafette dans un camion !

— Quoi ! s'exclame Bousso stupéfait.

Il boit son café en se brûlant, engloutit un peu de la galette de mil toute chaude, se lave rapidement dans le fleuve et court chez son ami Mambo le garagiste qui possède une puissante voiture.

— Girafette a dû être capturée ! halète-t-il, on a vu passer un camion qui l'emportait !

— Je pense bien, dit l'hyène tachetée, ils ont agi tout au début de l'aube, ces méchants hommes !

Bousso et Mambo réagissent vivement ; ils mettent le moteur en route, s'installent dans l'automobile en plaçant l'hyène entre eux.

— Il faut les rattraper, ricane l'hyène.

C'est bien l'intention de Bousso et de Mambo qui regardent la route aussi loin qu'ils le peuvent.

Et brusquement, ils poussent un cri de joie.

— Le camion est là, c'est lui à coup sûr, il perd du terrain !

— Allez-y ! crient les singes qui suivent la course avec intérêt.

Ils sautent d'arbre en arbre, et certains s'installent comme ils le peuvent dans l'auto découverte.

Mambo n'hésite pas à appuyer encore un peu sur l'accélérateur, et le camion est vite rejoint.

— Arrêtez, voleurs ! crie Bousso, très en colère.

Et il saute de la voiture encore en marche, décidé à ne pas lâcher sa prise. Mambo le suit aussitôt.

Les hommes prennent peur ; ils stoppent le camion et tentent de fuir ; mais les singes réagissent vivement et les attachent avec des cordes qui aident à la capture des animaux.

Les voleurs, ficelés, se retrouvent dans les cages destinées à Girafette et à d'autres victimes.

Mambo et Bousso éclatent de rire et se moquent, à haute voix, des prisonniers :

— Vous êtes des bêtes étranges !

Girafette rit de toutes ses dents et prend Bousso sur son dos pour le ramener chez lui.

— J'irai jouer avec toi demain, lui dit Bousso.

La belle pêche de Frédéric

— Ah ! la ! la ! qu'il fait bon à l'ombre pour dormir un peu ! dit Casimir le renard en s'installant confortablement sous un arbre dans la clairière parmi les fougères dorées.

Casimir s'endort et ronfle :

— Ron... Ron... Ron... on... on... on... on...

— Chut ! dit la renarde à ses enfants. Allez jouer plus loin : votre père fait la sieste. Les renardeaux joyeux bondissent sous les arbres et font la course autour des bouleaux.

Pendant ce temps, Frédéric l'ourson, la hotte sur l'épaule, part à la pêche et ronchonne :

— Papa me trouve paresseux. Eh bien, on verra ! Tous mes frères jouent à saute-mouton. Moi, je vais rapporter du poisson.

Gaillardement, Frédéric suit les sentiers et arrive au bord de la rivière.

Sans bruit, il se tapit dans les herbes et surveille l'eau qui coule en chantant sur les cailloux.

Des libellules survolent les reines-des-prés et des papillons se posent sur les fleurs.

Frédéric ne voit que le fond de l'eau.

Hop ! Un coup de patte et tac, ça y est, une belle truite !

Vite dans la hotte !

Heureux, Frédéric continue sa pêche sans voir le soleil baisser à l'horizon.

— Hé ! dit la renarde en secouant Casimir le renard, tu as assez dormi. Il est temps d'aller à la pêche.

— Hein ? Quoi ? répond Casimir endormi. Qu'est-ce que tu dis ?

Casimir ouvre un œil, puis deux, se frotte le museau, s'étire, s'étire...

— Ah ! que cela fait du bien de s'étirer ainsi au soleil ! dit Casimir en bâillant.

Il regarde un instant les ronds de lumière qui filtrent entre les feuilles, puis referme les yeux. Tiens, les ronds deviennent violets. C'est joli, ils sont bleus et Casimir se rendort...

Quand le soleil se cache derrière les grands arbres, Casimir se secoue :

— Tiens, tiens ! dit-il, ça sent même le poisson. Le père Ours serait-il allé à la pêche ?...

Frédéric revient lentement avec sa hotte pleine et lourde. Il la pose un moment pour faire une partie de cache-cache avec les renardeaux.

— Ce n'est pas juste, dit un renardeau, tu gagnes toujours Frédéric car tu peux te cacher dans les arbres ! Mais, tu reviendras jouer demain, promets-le moi ?

— Promis, assure Frédéric, tout content.

Il court reprendre sa hotte.

Il est bien tard quand il arrive à la maison.

Sa mère l'Ourse lui dit :

— Ton père est déjà couché. Il est furieux parce que tu n'étais pas encore rentré. Vite, mange ta soupe et couche-toi sans bruit.

Déçu, Frédéric suspend la hotte pleine dans la réserve et ferme la porte à clé.

Le lendemain matin, Frédéric saute avec joie de son lit et crie :

— Papa, tu vas voir, une surprise !

— Hum ! répond l'ours. Qu'as-tu encore inventé ?

Frédéric s'élance vers la réserve et décroche la hotte.

— Pas possible ! Comme elle est légère ! Mais, elle est vide ! Qui donc a pris mes poissons ?

Furieux, Frédéric part dans la forêt. Il y rencontre son ami le marcassin.

Surpris, le marcassin demande :

— Tu as l'air agité, Frédéric. Qu'y a-t-il ?

— On a volé tous mes poissons.

— Ah ! Ah ! ça alors, tu n'as pas de chance ! Attends un peu, j'ai une idée... Tiens, tiens, c'est curieux, il paraît que Casimir le renard est malade. Une arête de poisson lui est restée dans la gorge...

L'ourson suit le marcassin.

Casimir doit avouer son larcin.

Le marcassin et l'ourson lui donnent une correction bien méritée.

— Et maintenant, Frédéric, tu peux retourner à la pêche. Tu verras : ton père sera fier de toi !

Câlin et la poupée

Pour l'anniversaire de Stéphanie, on lui a offert un petit chat. Il est adorable, tout noir avec de grands yeux bleus et il s'appelle Câlin.

Stéphanie est en admiration devant ce nouveau compagnon de jeux qui n'a qu'une idée en tête : faire le plus de bêtises possible.

Ah, le coquin ! Il court partout, s'étale sur le parquet ciré qu'il prend pour une patinoire, griffe les fauteuils, égratigne les rideaux, tout cela vite et sans efforts. Il est infatigable !

Mais la maman de la petite fille n'apprécie guère ses turbulences et en fronçant les sourcils, elle prie Stéphanie de bien élever Câlin.

Stéphanie entreprend d'être une parfaite éducatrice et elle explique en cajolant son petit ami, qu'il ne doit pas se livrer à de telles sottises.

— Miaou, miaou, répond Câlin qui se moque tout à fait des conseils donnés par sa gentille maîtresse, miaou, miaou.

N'est-il pas charmant ainsi ? Stéphanie résiste mal à l'envie de laisser Câlin faire ce qu'il veut. Il est si amusant, si espiègle, si joyeux, que c'est vraiment dommage de l'obliger à rester tranquille. Mais les grandes personnes ne comprennent pas toujours très bien les enfants et les chats.

Aussi le mercredi suivant, quand Stéphanie reçoit ses petites amies, le pauvre Câlin se sent triste ; il ne doit pas toucher à la poupée Jessica...

On ne s'occupe pas de lui, on le gronde parce qu'il a renversé le berceau en sautant. Alors, il décide de ressembler à une poupée.

Le soir, il refuse de jouer ; au matin, il ne veut pas boire son lait et il ferme les yeux.

Maman appelle le vétérinaire qui se montre rassurant :

— Ce chat est triste, dit-il.

Stéphanie prend Câlin dans ses bras, le cajole, l'oblige vite à la suivre dans le jardin.

Que de sauts, de miaulements et de vivacité Câlin découvre maintenant, au plus grand amusement de Stéphanie qui rit et joue volontiers avec lui.

Théodule, et le réveille-matin

Théodule, ainsi se prénommait ce brave boa du zoo de Paris.

Pas méchant, dépourvu de malice, Théo passait le plus clair de son temps à digérer. Enroulé autour de sa branche, il dormait en rêvant.

Théodule avait un appétit féroce. C'était là son plus gros défaut.

Aussi souffrait-il souvent d'indigestions.

Son ami, le vétérinaire très fâché contre lui, le mettait à la diète toute la journée !

Théo aimait beaucoup le docteur. Il lui parlait si gentiment ! — Même lorsqu'il le grondait pour sa gourmandise...

Alors, dès qu'il pouvait s'échapper de sa cage il allait dans son bureau. Il s'enroulait confortablement sur le fauteuil. Ainsi, bien calé dans les coussins, il commençait une sieste.

Ce jour-là, Théo ne se sentait pas bien du tout. Il avait attrapé la grippe.

Il n'était pas le seul, l'infirmerie regorgeait de malades.

Hélas, il n'y avait plus de place pour Théodule !

Pourtant Théo grelottait de fièvre ! Alors, l'air suppliant, il regarda le docteur. Ses yeux lui disaient :

— J'ai besoin d'être soigné, moi aussi. J'aimerais bien être dorloté. Que l'on s'occupe un peu de moi !

Le docteur réfléchit. Puis, il mit Théodule dans un panier et s'en fut trouver sa femme pour lui demander conseil.

Cette dernière proposa d'héberger Théo.

C'est elle qui le soignerait afin qu'il guérisse bien vite.

Théodule fut placé dans une corbeille à linge. Près du radiateur, il avait bien chaud. C'était le paradis. Théo souhaitait guérir, certes, mais lentement !

Il avalait, bien sagement, ses cuillères de sirop. Le seul ennui, c'est qu'on l'avait mis à la diète. Bien qu'ayant l'estomac barbouillé par la grippe, Théo souffrait de la faim.

Cet après-midi-là, le docteur et sa femme sortirent faire des courses.

Seul dans l'appartement, Théo s'ennuyait. Il quitta son panier et s'en fut visiter son nouvel univers.

Il arriva dans la cuisine. Enfin, il allait pouvoir se mettre à table.

Hélas ! la vaisselle était faite et les restes du repas jetés. Quant au réfrigérateur, impossible de l'ouvrir !...

Bien malheureux, il regagna son panier.

Théodule se tournait et se retournait dans sa corbeille, à la recherche du sommeil. Tic-tac ! tic-tac ! faisait le réveil en se moquant de lui ! A cause de ce vilain réveil, Théo n'arrivait pas à trouver le sommeil et à oublier sa faim. Ce sacré réveil faisait un bruit infernal, tic-tac ! tic-tac ! Alors Théo allongea le cou et l'avala.

Bien mal lui en prit, mes enfants !

Tic-tac, tic-tac, continuait à faire le réveil dans l'estomac de Théodule.

Oh ! Que Théo se sentait mal ! Tout son corps était secoué par ce tic-tac.

Quant à son estomac, il refusait cette masse de métal fort bruyante.

Jugez de l'étonnement du docteur et de son épouse, lorsqu'ils furent de retour !

Le réveil, avalé par Théo, se mit à sonner. C'est alors que la tête de Théo fut prise de tremblements. Pendant que ses mâchoires claquaient, ses yeux sautaient.

De plus, on riait de lui ! Le pauvre Théodule était au bord de l'évanouissement.

Le docteur, aidé de sa femme, s'empressa de lui ouvrir la bouche. Et l'objet encombrant quitta sa gorge. Ouf !

Il oublia ce mauvais moment en dégustant un lait au miel et du pain d'épices, pendant qu'on lui prodiguait des caresses. Béat de bonheur, Théo s'endormit enfin, non sans avoir tiré la langue au réveille-matin.

Flouc l'écureuil

Après l'été éclatant de lumière, après les danses dans les beaux arbres de la forêt, l'automne vient.

— C'est le moment de récolter des provisions pour l'hiver, dit maman écureuil dans le nid du grand chêne.

— On y va ! crient les enfants écureuils. Flouc, viens avec nous ! Aide-nous au lieu de jouer au cirque dans les branches !

— Mais, je suis un acrobate ! répond Flouc, le plus jeune.

Les hérissons, les belettes et les lapins l'encouragent :

— Bravo Flouc !

Le soir, les frères se lamentent : « Flouc n'apporte rien ! »

— Je fais des provisions de lumière ! dit le petit écureuil qui ne croit pas que l'hiver viendra.

Laurent creuse, T
chantant un joyeux
Cr
No
No
No
No
Cre
Et
No
Pe
Laurent est rouge,
humeur lorsque la r
grande pièce où Tib
Pourtant, au bout d
sur le sol en bâillant
lui, n'en pouvant plu
— Nous continuer
qui s'étend maintena
C'est aussi l'avis d
pattes à quelques fe
Le lendemain mati
bout de nez chaud, L
courageusement à la
Cette fois, ils const
ment tapissée de mou
des sorties de secours
Laurent bat des ma
— C'est aussi bea
Et Tiburce le pense

Et pourtant, il est arrivé sur l'aile d'un vent froid, brr ! Au creux de son nid, Flouc croque des noisettes parfumées et dit :

— La neige brille de mille diamants, c'est joli !

— Aurons-nous assez de provisions ? s'inquiètent ses frères. Tu n'as rien fait !

— Venez, je vous raconterai les provisions d'histoires que j'ai amassées auprès du vieil hibou !

Les vers luisants dessinent une guirlande et un clair de lune filtre entre les arbres.

Les écureuils oublient leur ventre vide.

— Je cueillerai des étoiles ! promet Flouc.

Je vous ai préparé une fête.

Les cigales ont apporté leurs guitares, les grillons, leurs accordéons.

Flouc récite des poésies, les lapins dansent.

— Quelle fête merveilleuse, Flouc !

— Flouc est heureux d'avoir semé la joie.

C'est un enchanteur ! Avec lui, on attendra le printemps !

Un matin, Miel en a assez car un souriceau effronté vient de mordre son oreille gauche de ses dents pointues. Aïe ! cela ne peut plus durer !

Le jeune chien file à toute vitesse vers la maison et se plaint à sa mère.

— Ne pleure plus Miel, lorsque tu seras grand tu auras des oreilles semblables à celles des autres chiens !

— Pourquoi mes oreilles sont-elles si longues, certains animaux ont de longs becs, de longues pattes, de longues dents et ne semblent pas avoir d'ennuis. Je vais leur demander conseil ! se dit-il.

Miel s'en va donc dans les prairies fleuries. C'est une merveilleuse journée et les poulains jouent au soleil.

Miel les salue et demande :

— Pourquoi avez-vous de si longues jambes ?

— Pour courir plus vite, petit sot! disent-ils en galopant.

Déçu, le chiot se dirige vers la rivière où il rencontre deux castors.

— Bonjour! Pourquoi avez-vous de si longues dents?

— Nous les employons comme des scies, répondent les castors, dommage que nous n'ayons pas des oreilles aussi grandes que les tiennes car nous nous en servirions pour ramer! se moquent les fripons.

De plus en plus déçu, Miel s'allonge près de la rivière en boudant. C'est alors qu'une grenouille verte saute sur l'une de ses oreilles et s'y installe confortablement, la prenant pour un tapis.

A ce même moment, deux chatons qui se trouvent là rient si fort de cette scène comique qu'ils en tombent à l'eau.

— Au secours! A l'aide! miaulent-ils.

Miel plonge dans la rivière et encourage les chatons à s'accrocher puis à grimper sur ses oreilles, les sauvant de la noyade.

Peu après, tous les animaux de la ferme félicitent le chiot courageux et intelligent et organisent une grande fête.

Maintenant, Miel est devenu un beau chien avec des oreilles tout à fait normales et nul ne se moque plus de lui.